東方選書

大月氏

中央アジアに謎の民族を尋ねて【新装版】

小谷仲男

東方書店

まえがき

遊牧民族の月氏《げっし》ほど謎に包まれた民族はない。それでいて中央アジアの歴史や東西交流史を考えるときの重要なキーとなり、研究者を悩ませる。月氏に関する情報が少なすぎるのである。現在のところ、少なくとも月氏には二つの顔があると知られている。一つは秦漢時代、中国の西北辺境（甘粛省西部）に出現し、モンゴル高原の匈奴《きょうど》と勢力を争った中央アジア遊牧民族としての顔である。もう一つの顔は、月氏が最終的に匈奴に駆逐され、アム・ダリア流域に退却した後、その勢力の中から勃興したクシャン王朝大月氏《だいげっし》である。この二つの月氏は同一民族であると一般に解釈されることが多いが、研究者の中には月氏とクシャン王朝とは別個のものであると主張する者もいる。

私はどちらかといえば、これまで大月氏とクシャン王朝の関係を切り離す立場で研究を進めてきた。大月氏とクシャン王朝それぞれの研究成果や材料が出揃ったところで、再度その関係を見直せばよいと考えてきた。その間、私はアフガニスタンやパキスタンにおいてガンダーラ仏教美術の発掘調査に従事していたので、ガンダーラ美術の歴史的背景となるクシャン王朝の方に研究の比重が傾いた。私が発掘調査に従事しはじめた一九六〇年以降を取り上げても、クシャン王朝に直接、間接にかかわる重要な新資料の発見が相次いだ。フランス隊、ロシア隊のアフガニスタンでの発掘成果である。ささやかだが私たち日本調査隊の発掘成果もあり、また偶然の発見も研究材料を豊富にした。その他発掘調査の間に得られた現地での体験、その地理風土、人びとの生活などの観察が知らず知らずのうちに私の研究に影響を及ぼし、また支えてくれたように思う。

そろそろ大月氏の歴史を再考する時期と思い、本書の編集者の勧めによって、このテーマに取り組んだ。序章に続き、第一、二章では主として中国西北辺境に出現した遊牧民族月氏を取り扱った。第三章ではアフガニスタン北部で発見された真正ギリシア人都市アイ・ハヌムの発掘成果を紹介しながら、西遷後の月氏の動静について考えてみた。第四、五章では勃興直前、直後のクシャン王朝の問題に取り組んだ。文献記録、バクトリア語碑文、それにバクトリアの黄金遺宝といわれるティリア・テペ墓葬の発掘成果を材料に考察した。月氏とクシャン人との関係は絶えず念頭にあったが、簡単には結びつけられなかった。第六、七章は一九九六年秋に妻と二人で訪れた旧ソ連邦中央アジアの旅行日記からの抜粋である。長年夢見て実現できなかったアフガニスタンの対岸、アム・ダリア以北の土地を初めて訪れることができ、多くのことを見聞した。終章において月氏について考古学上からのアプローチを試み、再度月氏とクシャン人との関係を見直そうと試みた。華々しい結論は出なかったと思うが、古代世界において東西地域をつないで活躍した月氏およびクシャン人についての理解に多少なりとも役立てば本望である。またこの機会に月氏研究のゆくえと新事実発見の動向に注目され、その歴史舞台となった中央アジアの将来についても関心をより深めていただければ幸いである。

目次

序章

遊牧民族と文明社会——漢と匈奴

◈匈奴単于の手紙

西暦紀元前一七六年、匈奴(前三世紀以降モンゴリアに栄えた遊牧騎馬民族。その首長は単于と称された)の冒頓単于《ぼくとつぜんう》(在位前二〇九～前一七四)から前漢の文帝(在位前一八〇～前一五七)のもとに書状が届いた。内容は発信の前年に匈奴と漢の間に生じた武力衝突に対する匈奴側の釈明と和平修復の申し入れであった。しかし手紙の後半には重大なニュースが告げられていた。今、匈奴は西方の遊牧民族、月氏を撃破して、西域二十六国を併合したという内容である。それは西域シルク・ロードの支配権が月氏から匈奴の手に移ったことを意味した。漢の文帝やそのおもだった側近たちが、それをどれほど重要に受けとめていたかわからないが、今後の歴史を大きく左右する事件であった。それについては後に触れることとし、まず単于から送られてきた書状、そしてそれに対する文帝の返書を読んでみたい(『史記』匈奴伝)。

天の立てたる匈奴の大単于は謹んで皇帝のご機嫌を伺い申し上げる。恙《つつが》なきや、いなや。先に皇帝は書状をもって和親を申し出でられ、当方もそれに同意し、和親を確認しあった。しかし漢の国境官吏が匈奴の右賢王を侮辱したため、右賢王は単于の指示を仰がず、後義盧侯の難氏らの計略を受け入れて交戦し、両国の和約を断絶させ、兄弟の交わりを破綻させた。皇帝からの再度詰問の書状を受け取り、当方も使者を送り、書状でもって返答した。しかしその使者は戻ってこず、漢の使者も来ず、それため漢は和平の約束を破棄し、近隣諸国は帰順しなくなった。このたび右賢王には部下が和約を犯したというかどで、罰としてかれを西方、月氏の討伐のために差し向けた。右賢王は天の加護、優秀な将兵、強靭な軍馬のおかげで、月氏を全滅させ、ことごとく敵兵を斬殺し、降伏させた。その結果、楼蘭、烏孫、呼掲とその周辺の二十六ヵ国はみな匈奴の領有となった。もろもろの弓を引く民族(引弓之民)は合体して一家となった。北方地域がすでに平定されたのを機会に、願わくは戦争をやめ、士卒を休息させ、軍馬を牧地に放ちたい。過去のことを水に流し、もとの和約を修復し、国境の民衆に安堵を与え、もとどおりの状態に戻したい。子供たちがすこやかに育ち、老人たちが安住できるように、末長く太平を保ちたいと思う。しかしまだ皇帝の意向がどうであるか知らず、郎中の官の係雩浅《けいうせん》に書状を持たせて、請願する次第である。ここに、ラクダ一頭、乗馬ウマ二頭、車馬ウマ二組(八頭)を献上する。もし皇帝が辺塞に匈奴の接近することを望まないならば、どうか漢人吏民たちにも辺塞から遠ざかるように命じてほしい。では、使者が至れば、すみやかにお取り次ぎいただくようお願いする。

六月中に匈奴の使者が薪望の地に到着し、書状が届いた。漢では戦争か講和か、どちらが得策であるか議論した。公卿たちはみな、「単于は今新たに月氏を撃破し、勝ちに乗じている。戦争をしかけても、とても勝つ見込みがない。かりに匈奴の土地を獲得しても、沢鹵（アルカリ土壌）で、人の住めるところではない。講和が得策である」と主張した。漢は講和に応ずることにした。漢の文帝の前六年（前一七四）、漢の文帝は匈奴に返書を送った。

皇帝は謹んで匈奴大単于のご機嫌をお伺い申し上げる。恙《つつが》なきや、いなや。郎中の官の係雩浅が朕に書状を持参した。書状には「右賢王は単于の指示を仰がず、後義盧侯の難氏らの計略を受け入れ、両国の和約を断絶させ、兄弟の交わりを破綻させた。漢はそのために和平の約束を破棄し、近隣諸国は帰順しなくなった。このたび右賢王には部下が和約を犯したというかどで、罰として西方、月氏の討伐のために差し向けた。右賢王は月氏を全滅させた。願わくは戦争をやめ、士卒を休息させ、軍馬を牧地に放ちたい。過去のことは水に流し、もとの和約を修復して、国境の民衆に安堵を与え、子どもたちがすこやかに育ち、老人が安住できるように、末長く太平を保ちたい」とあった。朕はその内容をはなはだ喜ばしく思う。それは古の聖人君主の真意である。漢と匈奴とは兄弟としての交わりを約束した。それゆえ単于には多大の贈り物をした。約束に背き、兄弟の交わりを破るのは、いつも匈奴の方である。しかしながら、右賢王の件は大赦以前のことであるので、単于にはあまり厳しく咎めだてなされるな。もしも単于が書状の内容にふさわしく、すべての役人に明白に申しつけ、和約を守り、信義を保つようにさせるならば、当方も単于の書状のごとくにいたそう。使者の言うところでは、単于は自ら軍を率いて外国を征伐し、戦功をあげ、いささか戦争に疲れておられるとのこと。そこで天子着用の繡袷綺衣《しゅうこうきい》、繡袷長襦《ちょうじゅ》、錦袷袍各一着、比余《ひよ》（櫛）一、黄金飾具帯（ベルト）一、黄金胥紕（バックル）一、繡一〇匹、錦三〇匹、赤綈、緑繒各四〇匹を中大夫の意と、謁者令の肩という者に持たせ、単于にお贈りいたす。

◈木簡に書かれた手紙

匈奴単于からの手紙、そして漢の文帝の返書はともに木製のふだ（木牘）に漢文で書かれていた。紙が書写材料に使われるようになるのは、後漢時代の末、二世紀後半からである。漢代には木牘のほか、竹製のふだ、つまり竹簡が存在したが、竹の産地は淮水以南であるので、北方では比較的手に入れやすい木牘が一般的であった。日本では竹簡、木牘含めて木簡という呼称が一般化しているので、ここではとくに区別する必要がないかぎり、木簡の名称で話を進めることにする。また匈奴には匈奴語を記す固有の文字がなかったので、漢との外交文書はみな漢文を使用した。

漢代の通常の木簡は長さ二三センチメートル（当時の一尺）、幅一・二センチメートル（五分）、厚さ数ミリメートルの木ふだであり、表面に一行約三〇字を墨と筆で書いた。二三センチメートルの長さに一行約三〇字を収めるとすれば、やや扁平な文字とならざるをえない。漢代の隷書の特徴は、なによりも木簡用の文字として発達したことに生じている。文章が長くなれば、何本かの木簡を必要とする。そのばあい、最初の木簡から順に木簡の上下二ヵ所を紐で簾のように綴じていく。納めるときには、最後の方から内側に巻き、紐で縛り、一巻とする。書籍であれば、最初の木簡の裏面に表題を書き記すことになる。いわば背表紙である。木簡の書物を繰り返し開いて読書すれば、綴じ紐がすり切れることがある。孔子は『易』を愛読し、その綴じたなめしがわの紐(韋編)が三度も切れたという話がある(『史記』孔子世家)。また書状などの文書であれば、宛名を書いた別の木ふだ(検)を巻物の上に付け、紐で縛る。封印は木ふだ(検)の切り込みの部分に、紐にかかるようにして粘土を詰め(封泥)、その上に印を押す。粘土が乾燥すれば封印の完成である。

以上が通常の木簡であるが、書写する内容によって大きさに規定があった。漢代の皇帝が発信する詔書類は、一まわり大きい、長さ一尺一寸(二五・五センチメートル)の簡牘を使用する規定であった。したがって今問題にしている漢の皇帝と匈奴単于の間の外交文書も一尺一寸の木簡が使われた。一簡一行約三〇字と計算して上記の単于および皇帝の手紙を木簡上に復元すると、どちらも九本の木簡に収まる。そのほかに、宛名と日付を入れた表題を最初に付け加えると、一〇本の木簡となる。あるいは天子の書状であるから、天地に余裕を持たせて、一行二〇字と仮定するならば、一三〜一四本の木簡となる。現在では、当時の木簡の実物を居延出土の漢簡などで見ることができるから、上記の往復書簡も、研究次第では文書、文字のスタイルを含め、そっくり復元することが可能になるかもしれない。

ところが、冒頓単于の次の老上《ろうじょう》単于（在位前一七四～前一六〇）になると、匈奴は一尺二寸の木簡を使用しはじめた。これは木簡の大きさによって、匈奴の権威を漢に示そうとしたもので、匈奴に寝返った漢人官僚の中行説のアドヴァイスによったものであった。『史記』匈奴伝によると、

従来、漢が匈奴単于に書状を送るのに、一尺一寸の牘（木簡）を使用した。始めに「皇帝は謹んで匈奴単于のご機嫌を伺い申し上げる。恙《つつが》なきや、いなや」と述べ、次いで贈物と用件について述べた。中行説は匈奴単于に対して、漢に送る書状には、一尺二寸の牘（木簡）を使用するように勧め、印も封もみな漢より大きくさせた。ことばも尊大に、「天地の生むところ、日月の置くところの匈奴大単于は謹んで皇帝のご機嫌をお伺い申し上げる。恙《つつが》なきや、いなや」と述べ、次いで贈物の理由と用件を述べるようにさせた。

匈奴をもりたてようとした漢人中行説のことは、後で再び取り上げるとして、冒頓単于と老上単于の治世が匈奴の最強のときにあったことは確かで、西方の遊牧民族の月氏はこの両単于によって中国西辺から完全に駆逐されてしまった。

◈匈奴の言語、民族

匈奴の単于は書状の冒頭に「天の立てたる匈奴大単于（天所立匈奴大単于）」と自称し、後にはもっと尊大に、「天地の生むところ、日月の置くところの匈奴大単于（天地所生、日月所置匈奴大単于）」と自称したことを紹介した。『漢書《かんじょ》』匈奴伝によると、単于の称号は匈奴語で「撐犂孤塗単于」であり、「撐犂」は中国語の「天」、「孤塗」は「子」、「単于」は「広大」を意味したという。「撐犂」はトルコ語、モンゴル語のテングリ tengri（天）に相当することは疑いないが、「孤塗」や「単于」の対応はまだ確定されていない。以上の三語のほか、匈奴語と思えるものが官職名、品物名などに若干知られている。漢の文帝の返書の中に、漢からの匈奴への贈物として挙げられている、「比余」（櫛）、黄金の「胥紕」（胡服用帯鉤、バックル）も匈奴語であった。現在までの研究では、匈奴語は古代トルコ語に属し、匈奴はトルコ系民族であったと考える説が有力である。「天の立てたる匈奴大単于」「天地の生むところ、日月の置くところの匈奴大単于」というのは、結局匈奴語の「撐犂孤塗単于」の漢文翻訳か、あるいはその意味を敷衍したものであろう。つまり「天子」ということで、それが匈奴固有の観念に由来するものか、それとも中国の天子思想の借用なのか、私には判断が付かない。二〜三世紀のクシャン王朝の支配者たちも、インド的マハーラージャ mahārāja（大王）のほかに、デーヴァプトラ devaputra（天子）という称号を使用し、それも中国の「天子」の借用と考えられるなら、匈奴のばあいも中国支配者の称号に倣ったものかもしれない。

『史記』、『漢書』匈奴伝によると、匈奴の統治組織は冒頓単于のときに、次のように整えられたという。

官職として左右賢王、左右谷蠡王、左右大将、左右大都尉、左右大当戸、左右骨都侯がある。匈奴は賢きことを「屠耆」といい、それゆえ左屠耆王(左賢王)には、つねに単于の後継者たる太子をもってあてる。左右賢王より以下大当戸に至るまで、大きい者は一万騎、小さい者は数千騎を率い、すべて二十四長ある。かれらは一律に「万騎」の称号で呼ばれた。これらすべての大臣は世襲である。[単于の出身部族の攣鞮氏のほか]呼衍氏、蘭氏、後には須卜氏の三部族が高貴な部族である。左の官職に任ずる部族長たちは東方に領地を持ち、上谷より以東、穢、貉、朝鮮に接する。右の官職に任ずる部族長たちは西方に領土を持ち、上郡より以西、月氏、氐、羌に接する。単于の王庭は代、雲中(フフホト周辺)にある。それぞれが分有地を持ち、水と草を追い求めて移動する。その中で左右の賢王、左右の谷蠡王が最大の分有地を持つ。左右の骨都侯は政治を補佐する。すべて二十四の部族長は、またそれぞれに千長、百長、什長、裨小王、相、都尉、当戸、且渠といった属官をそなえる。

先に引用した、月氏を撃破した匈奴右賢王というのは、匈奴の西部に大きな分有地を持つ有力部族の長であった。かれはオルドス(黄河の屈曲部と長城に挟まれた良好な放牧地)を占有し、漢の文帝の即位三年(前一七七)にオルドスから漢の国境防衛線を越えて南進し、中国の人民を殺害するに及んだ。漢の文帝は車騎八万五千を繰り出し、右賢王を北方に追い返すことに成功したが、匈奴の和平協定の蹂躙に対し、冒頓単于に厳重抗議した。最初に紹介した冒頓単于の手紙は、まさにそれに対する釈明であり、和平修復の申し入れであった。

当時匈奴は父系による血縁集団を絆に、広い地域に散らばって遊牧生活を送っていた。しかし部族長たちは、時おり匈奴単于のもとに集い、重要な決定、共同体意識を確認しあった。『史記』匈奴伝によると、毎年正月には、族長が単于の王庭(キャンプ)に集い、新年を祝った。五月には、蘢城(祭祀の場)において大集会を開催し、族長とともに大勢の匈奴人が集い、先祖、天地、鬼神を祀った。ウマの肥える秋には、蹛林において(行事の名称とも解される)再び大集会を催し、人、家畜の数を統計し、課税した。遊牧民族の国家(部族連合)のクリルタイ支配、つまり族長集会と合議制の形態がすでに認められる。平時、匈奴の人びとはウマ、ラクダ、ヒツジ、ヤギ、ウシの五畜を放牧しながら、夏と冬の宿営地の間を移動し、春、秋の集会を利用して交易や情報交換を行なったのであろう。

◈素朴主義の社会

冒頓単于が死んで、老上単于が即位したとき(前一七四)、漢の文帝は公主(帝室の女)を新しい匈奴単于に嫁がせることとし、宦官の中行説を付き人として、ともに匈奴へ送ろうとした。中行説は行くことを喜ばず、「私が匈奴に行けば、必ず漢の禍いとなろう」(『史記』匈奴伝)と言った。しかし、漢は無理やり行かせた。中行説は匈奴に入ると、単于の政治顧問として、漢の弱み、匈奴の利点をよく把握し、適切な対中国策を単于に説いた。老上単于に一まわり大きな木簡を使用するように勧めたのも中行説の入れ知恵であった。今から見ると、漢王朝の安泰のために犠牲を強いられたという思いのある中行説の私憤から来たものとはいえ、以下のような遊牧社会と文明社会についてのかれの見解は、よく本質を見抜いたものである。

匈奴の習俗では、人は家畜の肉を食い、乳を飲み、その毛皮を衣服に用いる。家畜は草を食み、水を飲み、季節に従って家畜も人も移動を繰り返す。それゆえ、戦争のさいには、人びとは騎馬弓射に習熟しており、平和時には太平を楽しむことができる。人びとの守るべき掟《おきて》は簡素で履行しやすい。君臣の間柄は分け隔てなく、一国の政治がまるで一人の身体のごとく自在である。父母兄弟が死ねば、その妻をめとるという風習があるが、それは一族の絶えることを恐れるからである。だからこそ国が乱れても、匈奴は必ず同族の者を王として立てることができる。今、中国はうわべを飾り、その父兄の妻をめとらないとはいえ、親族同士はますます疎遠となり、お互いに殺しあいをする。王朝が転覆する（易姓）に至るのも、こうした事情による。また度を過ぎた礼儀作法は、弊害として、身分の上下間で、お互いに憎しみあう結果をもたらす。家屋に贅を尽くせば、生計に破綻をきたす。そもそも「中国のように」農耕、養蚕に励んで衣食を得、城壁を築いて防御するのは、戦時になっても人びとは戦闘に習熟せず、平時であっても農作業に疲れるばかりである。ああ、哀れなるかな、土壁の部屋に住む人びと（土室之人）よ。思うに多弁を弄することなかれ。頭に冠を着けていたところで、いったい何の役に立とうぞ。（『史記』匈奴伝）

この中行説の意見は、漢人使者が匈奴のレヴィレート婚（弟が亡兄の妻をめとる慣習）や老人軽視の風習を取り上げ、野蛮であると非難したことに対する反論であった。中行説はそれは遊牧民と農耕民の生活様式から来る相違であって、中国流の価値観で判断するのは誤りであるとする。匈奴人の目からすると、むしろ土部屋に住む中国人の文明生活が、なんと窮屈で、哀れなことかと逆襲する。現在でこそ、それぞれの地域や民族が持つ固有文化を尊重する風潮、つまり価値観の多様性を認めようとするのが一般的である。中行説はすでにそれを知っていた。そして固有文化を失うことが、民族のアイデンティティの喪失につながる危険性についても見抜いていた。匈奴人が中国産の繒絮（きぬ）や食物を好むようになったとき、中行説は老上単于に忠告した。

匈奴の人口は漢の一郡にも及ばないほど少ないのに、強大な国である理由はなぜでしょうか。それは衣食が漢と異なり、漢に依存する必要がないからです。今、単于が習俗を変え、漢の産物を愛好するならば、漢の産物が匈奴の二〇パーセントを占めるようになるだけで、匈奴はすっかり中国文明（漢）に吸収されてしまいましょう。中国の繒絮（きぬ）を身に着けて、草叢やいばらの中を駆けめぐれば、上衣、ズボンはみな裂け破れてしまいます。どうか皮衣の完璧さに及ばないことを人びとにお示しください。入手した漢の食物はみな捨て去り、便利でおいしい乳製品にかなわないことを人びとにお示しください。(『史記』匈奴伝)

確かに中行説の目から見ても、匈奴は少々粗野で、まだ発展途上の国家であった。人口や家畜数の統計を取り、課税によって国家の財源を確保し、国家としての体裁を整える必要があった。しかし中国文明を模倣することが匈奴国家の発展の道ではない。文明化することで中国人がすでに失った率直な心と思いやり、独立と自由、勇気と忍耐を、匈奴はなお保持しつづけており、それらは遊牧生活という厳しい自然環境の中で、さらに鍛えられている。今、それらのすぐれたよき素朴性を保持しながら、強国として発展するにはどうしたらよいか。これは匈奴以後のどの北方遊牧国家にとっても、同じく直面するむずかしい問題であった。

◈イブン・ハルドゥーンの『歴史序説』

時代も地域も変わるが、文明の進んだ都市生活者よりも、素朴な砂漠の遊牧民の中に、人間としてのすぐれた素質が保持されていることに気づいた人物がいた。その人の名はイブン・ハルドゥーン、一三三二年に北アフリカのチュニスで生まれ、チュニスのハフス朝、フェスのマリーン朝、スペインのグラナダ(ナスル朝)と、再三君主を替えながら官職を歴任し、陰謀、政変、失脚、そして猛威をふるう疫病など、一四世紀イスラム世界の激動の中に生きた。かれは人間社会のありかた、および王朝、国家の興亡について、その根底にあるものを探求しようとした。イブン・ハルドゥーンはまず人間社会にバダウ（砂漠）的生活とハダル（都市）的生活、つまり砂漠の遊牧民（バダウィ、ベドウィーン）と都市に住む人びとで代表される社会があると言う。自然さながらの砂漠の遊牧生活と、文明の発達にともない信仰、道徳心が堕落する都市住民の生活を対比させながら、国家や文明の興亡の原因は、この二つの異質な社会の発達と、衝突、交流にあると考える。イブン・ハルドゥーンの著作『歴史序説 *al-muqaddimah*』は現在ローゼンタルの英語訳、森本公誠の日本語訳などがあり、親しみやすくなった。今、それらの現代語訳を参照しながらイブン・ハルドゥーンの歴史観を考えてみよう。

イブン・ハルドゥーンは『歴史序説』の中で、砂漠の文明について、次のような項目を立てて説明する（第一部第二章）。

一、砂漠の生活形態は都会に先行し、砂漠は文明の根源、都会はその副次物である。
二、砂漠の人びとは都会の人びとよりも善良、かつ勇敢である。
三、都会の人びとが法治国家に対して持つ依頼心は、かれらの勇気や抵抗力を失わせる。
四、砂漠のようなところに住むことのできるのは、連帯意識を持つ部族のみ。
五、連帯意識は血縁集団もしくはそれに類した集団のうちに見られる。

六、指導権は連帯意識を分かちあう人びとのうちで、特定の中核になる集団によって絶え間なく引き継がれる。
七、野蛮な民族ほど支配権を獲得する可能性を持つ。
八、連帯意識が到達しようとする目標は王権である。
九、王権への発展段階中に現われる障害は、奢侈への誘惑であり、部族民の富裕生活への耽溺である。

以上の項目の多くは遊牧民族の匈奴と定住生活者の漢人社会を対比したばあいにもあてはまる。宦官の中行説もほぼ同じ結論を下していた。イブン・ハルドゥーンによれば、人びとの団結心(連帯意識)は王権、あるいは王朝、国家を形成する基盤である。遊牧民族のばあいは、血縁集団の部族、氏族が基盤となり、これをさらに大きな連帯(部族連合)にまとめあげたとき、遊牧民族国家が形成される。匈奴のばあい、冒頓単于がリーダーとなり、匈奴の部族連合を築いた。代々単于が選出される攣鞮氏や単于と婚姻関係を結ぶ呼衍氏、蘭氏、須卜氏らが特定の中核となる集団といえるであろう。遊牧民族の国家のみならず、中国王朝のばあいも、始めはある連帯意識の強い集団によって創設され、その特定の血縁集団によって王権(皇帝位)が引き継がれる。

ひとたび王権、あるいは王朝、国家が樹立できても、その行く手に待ち構えているワナがある。それは上記項目の最後にあるハダル(都会)的奢侈生活への誘惑、耽溺であり、人びとがそれに打ち克つのは容易ではない。イブン・ハルドゥーンはイスラム世界の歴史を顧みて、王朝は個人と同じように自然の寿命を持ち、概して三世代一二〇年の寿命を越えることはないとする（『歴史序説』第一部第三章）。

第一世代は砂漠の質実剛健さ、野蛮的性格を保持している。かれらは窮乏に慣れ、勇敢で、掠奪的で、互いに栄誉を分け持つ。それゆえ、連帯意識はかれらの間に強く残っている。かれらは武断的で、人から大いに畏怖され、人びとはかれらに服従する。

第二世代は王権と安楽な生活のおかげで、砂漠的生活から都会的生活へ、窮乏生活から奢侈と富裕な生活へ、お互いに栄誉を分け持つ状態から、ひとりの者だけが栄誉を独占して、その他の者は怠惰で栄誉を競わない状態へ、誇り高き気高さから卑しき服従へと変わる。かくして連帯意識の活力は幾分薄れる。人びとは卑屈と服従に慣れる。しかし、かれらは第一世代の人びとの姿を身近に見て育ったので、……古き徳性はまだ人びとの中に残る。……

第三世代になると、砂漠的生活と質実剛健さを完全に忘れ去る。まるでそれが存在しなかったかのように。人びとは強権によって支配されるので、名声の喜びや、連帯意識を失ってしまう。かれらは豊かで、安易な生活にすっかり順応し、贅沢を極め尽くす。かれらは王朝に依存し、女、子どものように保護を必要とする。連帯意識は完全に消滅する。人びとは自衛することや権利を追求することを忘れる。かれらは紋章や衣装、馬術や武芸を見せびらかして、人びとを欺いているが、その多くは家の女たちよりも臆病である。誰かが来て、なにかを要求しても、かれらはそれを撃退できない。したがって支配者はほかに自分を護ってくれる勇敢な人びとを必要とし、多数の奴隷や従者を雇う。かれらはある程度王朝の延命に役立つが、やがて王朝は瓦解し、王朝のすべてのものが消え去る。……このように、王朝の寿命は個人の寿命と同じで、成長し、そして停滞の年代を経過して、衰退に向かう。それゆえ、一般に人は王朝の寿命が一〇〇年であると言っている。……

王朝の寿命が三世代一二〇年あるいは一〇〇年というのを、従来から人びとは体験的に知っていた。しかしそれをバダウ(砂漠)的生活とハダル(都会)的生活の両様を対比させて説明したのは、イブン・ハルドゥーンの卓見である。

一九九五年五月に九四歳で亡くなられた日本の東洋史学者、宮崎市定は一九三六、三七年にフランスに留学し、そこでイブン・ハルドゥーンを学んだように思える。帰国後の一九四〇年に『東洋における素朴主義の民族と文明主義の社会』(冨山房・支那歴史地理叢書)を出版し、中国史の展開を北方の遊牧民族と南方の文明社会の相互作用の観点によって概説した。著者はその四〇年後、自著を振り返り、次のように言う。

およそ文明というものは、進歩するに伴って必ず一方では毒素が発生して堆積し、やがてはその社会を腐敗させ、崩壊させてしまうのが、これまでの歴史が辿る運命であった。中国もその例に洩れないが、ただし中国ではそういう場合に、周囲の未開な異民族が中国文明の刺激を受けて成長し、やがて中国に侵入してこれを占領支配する。これは中国社会にとって災厄であるが、しかし新しい支配者のもとで秩序が恢復されると、中国社会は再び新しく生気を取り戻して復活し、従前にも増して積極的な活動を開始する。……このような対立を私は素朴主義の民族と文明主義の社会と名付けて、過去の沿革を辿って見たのである。

この私の叙述が、先頃の満洲国成立の頃の時局に対して全く無関係であったと私も言わない。日本という国は、古来中国と同じような文明国ではなく、かえって周囲の素朴民族の仲間として分類されていたのも事実である。しかし私はその故に全く時局向きの出版物であったとみられては不満である。私のこのような分析の仕方は、東亜の場合に限らず、世界の至る所の歴史を読む時の理解を助ける有効な指針になると信ずる。

（「素朴主義と文明主義再論」原著一九八二、『宮崎市定全集』第二巻に所収）

私たち日本人は歴史上に遊牧民族と身近に接する機会を持たず、遊牧民族について無知な部分が多かった。また中国人は中華思想によって遊牧民族を夷狄視する伝統、つまりかれらが野蛮で、文明の破壊者であるというイメージをつくりあげてきたので、私たちもその見方を鵜呑みにし、歴史上における遊牧民族の果たした役割を軽視しがちであった。しかしそれは文明社会に住む私たちの大きな誤解であった。匈奴の中に身を置いて発言した中行説の見解や、イスラム世界の中で砂漠の遊牧民（ベドウィーン）にすぐれた素質を認めたイブン・ハルドゥーンの歴史観をやや詳しく紹介したのもそのためである。

かれらは厳しい自然環境の中で、家畜を中心とした衣食住の独特の文化をつくりあげ、文明社会に挑戦した。文明社会と異質の素朴主義文化の存在が、歴史を絶えず前進させる原動力になったことは、宮崎市定の著書に明快に述べられている。しかし、ただこの南北二つの世界の関係のみで歴史の展開が理解できるというわけではない。少なくとももう一つの重要な要素、つまり東西の文明世界間における人や物、知識、技術、思想などの交流を見落としてはならない。東西文化の交流が世界の文明を創造する源泉となり、それらを向上させ、またお互いの社会的進歩をほぼ平均化してきたのである。実は、漢と匈奴の歴史の背後にも東西関係が横たわっていた。西方に居住したといわれる月氏がそのカギを握っていたのではないか。

第一章

西方の覇権争奪戦

——張騫の遠征

◈禺氏の玉

歴史上に登場する月氏あるいは大月氏は広範な地域で活躍した。しかしその割りには歴史記録に乏しく、その実像をとらえることはなかなかむずかしい。

では遊牧民月氏はいつ頃より中国の西北辺境で活躍しはじめたか。かつて桑原隲蔵は「張騫の遠征」(原著一九一六、『桑原隲蔵全集』第三巻に所収)という論文を発表し、中国古典の中に「禺氏騊駼」(『逸周書』)、「禺氏之玉」(『管子』)とある禺氏が中国西北の戎《じゅう》(広く中国西方の異民族を指す名称)であり、禺、月の音が近いことから禺氏と月氏が同一名であるとし、月氏の存在を春秋、戦国時代にまで遡らせて考える可能性を示唆した。

松田寿男は桑原隲蔵の禺氏＝月氏説をさらに発展させた(「禺氏の玉と江漢の珠」『東西交渉史論』上巻、一九三九)。松田寿男によれば、甘粛西部に居住した月氏がホータン(于闐)産の軟玉を輸入し、それを中国に転売したことから、「禺氏(月氏)之玉」という表現が生まれたという。また「禺氏騊駼」という表現も、禺氏(月氏)から中国側に贈られた良馬を意味したとし、月氏の手で早くから絹馬貿易が発展していたと主張した。江上波夫もまた桑原、松田の考えに同調し、さらにギリシア・ローマ側の情報を付け加えて考察した(「月氏と玉――その民族名の一解釈」原著一九五一、『アジア文化史研究』論考篇に所収)。江上波夫はプトレマイオスの『地理誌』(二世紀)に述べられるカシCasii の国名は qasch (玉) に由来し、そのカシは禺氏(月氏)と同一名であるとした。またストラボンの『地理誌』(XI.11.1)には、前二〇〇年頃、ギリシア・バクトリア王国の王たちがその勢力を及ぼそうとした東方の民族として、フリュノイ Phrynoi とセレス Seres が並記されており、前者は疑いもなく匈奴であり、後者はその字義上から「絹の民族」であって、禺氏(月氏)と考えるのが妥当であると述べた。

このように禺氏=月氏の研究は行きつくべきところにまで行きついた観がある。しかし禺、月の音が類似しているということ以外、さほどそれらを同一視する積極的な根拠がない。榎一雄は「禺氏辺山の玉」(原著一九八五、『榎一雄著作集』第一巻に所収)の中で、この禺氏=月氏説に疑問を呈した。疑問の根拠として、まず最近の中国人学者による古典研究の成果を踏まえ、禺氏の玉を述べる『管子』軽重篇の記事には、前漢から王莽時代にかけての諸制度、事実が反映されており、けっして春秋・戦国時代の内容とすることができない。禺氏の名称は月氏よりも于窴(『史記』のホータン表記)そのものであり、『管子』の編者、あるいは後補した者が別字を使用して、古風に装っただけのことであると結論した。

かつて榎一雄は「メンヘン・ヘルフェン氏〈月氏問題の再検討〉」(『史学雑誌』五五―九、一九五〇。『榎一雄著作集』第一巻に所収)の末尾において、張西曼『西域史族新考』(中国辺疆学術研究会出版、一九四七)を取り上げ、張西曼が「大月氏は大肉氏の誤写であり、タジーク民族 Tajik の対音である」と主張していることを紹介した。榎一雄は大月氏＝タジークとすることに無理があるとして、この新説を一蹴し、張西曼が月氏をニクシと読む根拠にまで遡って検討しなかった。張西曼は宋の釈適之『金壺字考』一巻（『説郛三種』巻八五に所収、上海古籍出版社、一九八八）に、「月氏……月音肉。支如字。亦作氏」とあることに基づき、本来大月氏は大肉氏であったとした。『金壺字考』は歴史上の固有名詞約七〇〇項目について、その字音と簡単な意味を付記した一種の辞書である。ただ作成された目的や信頼性については不詳である。古くは日月の月と肉の省略形の月（ニクヅキ）に区別があったが、形が類似するので、現在は漢字の部首において同じ月で代用している。過去において両者が混同された可能性はある。

最近また中国人研究者とアメリカの人類学者が月氏をゲッシ Yuezhi と発音せず、ニクシ Rouzhi と発音し、そのように表記する傾向がある。『史記辞典』（山東教育出版社、一九九一）の月氏の項には、わざわざ Rouzhi（肉支）と注記している。その根拠はみな張西曼と同じ『金壺字考』である。その一人、ペンシルヴァニア大学のメアー Victor H. Mair 教授も最初は月氏＝Rouzhi（肉支）説を支持していたが、現在では禺氏之玉＝月氏之玉の考えから、ニクシ Rouzhi と読む主張を放棄しているという（筆者への最近の来信による）。

また近刊の林梅村「尼雅漢簡中有関西漢与大月氏関係的重要史料」（『漢唐西域与中国文明』文物出版社、一九九八）は前漢時代の木簡二片に「大月氏王使」などの文字が墨書されていることを紹介する。その写真を見ると、日月の「月」と大月氏の「月」の区別はなく、漢代を通じて「ゲッシ」の字音が定まっていたという印象を受ける。したがって本書は従来どおり、月氏をゲッシと発音していくことにする。

◈騎馬弓射戦術

遊牧民族月氏は、それまで中国北辺に出没した遊牧民とは異なり、一つの大きな部族連合、つまり遊牧国家を形成していたと思える。そのような国家組織を可能にさせた要因に騎馬弓射の戦術があった。ウマを家畜化し、それに荷車を牽引させたり、馬車に人を乗せて走らせることは、遊牧民、農耕民の双方の世界において早くから知られていた。四頭立の二輪馬車を戦場の主力装備（戦車）として使用することもよく行なわれていた。しかしウマに騎乗すること、さらに騎乗したまま弓を射る戦術を発達させるまでには、なおかなりの時間が必要であった。騎乗弓射の戦術は紀元前九～前八世紀頃、西アジアのアッシリア軍に採用されているが、それがしだいに改良され、世界各地へ伝播していった。

一方、中国で最初に騎馬弓射の戦術を採用したのは、北方遊牧民と境界を接した趙国であった。趙の武霊王は前三〇七年に「胡服して騎射を習った」という。この新しい戦術を取り入れることは、私たち日本人が明治維新にさいして、和服から洋服に着替えたときほどに、かれらの生活様式に変化をともなうものであったというのもおもしろい。いわば一つの新しい文化の採用であった。この胡服騎射は戦国時代の北辺諸国家をはじめとして、またたく間に中国内部に浸透した。従来の戦車を主とする戦術よりも、機動性に富み、効果も大きかった。とくに遊牧民族との戦争には騎馬は不可欠であった。

胡服騎射には良馬が必要であった。遊牧民の月氏、匈奴にはウマの心配はないが、中国は多量の良馬を自給することができなかった。騎馬用のウマは遊牧民に仰がねばならなかった。『史記』巻一二九・貨殖伝に次のような話が載せられている。

烏氏《うし》の倮《か》は家畜の数が増えると、それを売り払って高価な絹布を買い求め、それをひそかに戎王に献上した。戎王はその値段の一〇倍もする家畜でその代価を支払った。代価のウシ、ウマが届くと、それらを谷に満たし、谷の数でその数量を計算した。秦の始皇帝は烏氏倮を諸侯と同等に処遇し、季節ごとの朝廷儀式には列臣とともに参列させた。

これは中国の西北辺境に居住した烏氏倮という人物が遊牧民と中国人との間で絹馬貿易の仲介を行ない、大金持ちになったという話である。烏氏は地名で、安定郡に属する烏氏県であり、現在の寧夏回族自治区の固原県付近にあったと推定される。固原地方は六盤山の山麓にあり、北はオルドス平原に、東南は長安に、西は黄河を渡って甘粛西部に通ずる交通の要所である。烏氏倮が絹織物を提供した戎王は中国西北に居住した遊牧民であった。はたして月氏の一部であったかどうかはわからない。いずれにせよ、最終的には中国(秦)特産の絹布は月氏の手に渡り、また遊牧民のウマは秦の始皇帝に買い取られていったと考えられる。

◈匈奴の月氏攻撃

月氏の名称が中国の歴史記録に登場するのは、匈奴の冒頓単于に関連してであり、前二〇〇年頃以前には遡らない。長らく月氏の動静は匈奴を通してしか中国には入らなかった。最初の情報は『史記』匈奴伝中の、「東胡《とうこ》強く、そして月氏盛んなり（東胡強而月氏盛）」であった。秦始皇帝の時代に匈奴は東の東胡（春秋・戦国時代にモンゴリア東部を領した遊牧狩猟民族）と西の月氏に挟まれて逼塞していたことをいう。月氏民族は中国辺境に出現した最初の本格的な騎馬民族であった。そのため月氏は匈奴よりはるかに強大であった。冒頓単于は太子時代に月氏の王庭に人質として出されていたほどである。しかし冒頓は人質期間中に月氏の善馬を盗み、それに乗って匈奴に逃げ戻ってきた。その後、かれは匈奴人に騎射の訓練を施し、父の頭曼《とうまん》を殺害して匈奴の統率者（単于）となった。さらに匈奴軍隊の強化を図り、月氏や東胡にまさる遊牧国家、つまり匈奴の部族連合体を組織することに成功した（前二〇九）。第二の月氏情報も、やはり『史記』匈奴伝の中に記載される。

> 冒頓はウマにまたがり、匈奴の人びとに総動員令をかけた。落後する者は容赦なく斬殺させ、東のかた東胡めがけて突撃した。……東胡はついに全滅し、その民と家畜はみな匈奴の

手に帰した。匈奴の地に凱旋するや、今度は西のかた月氏を急襲して敗走させた。

その結果、東胡の名前は二度と歴史上に現われなくなった。後世、中国東北辺境に烏桓《うがん》の名前で登場する鮮卑系の狩猟・牧畜民族がその後裔であろうといわれる。一方、月氏にとっては、匈奴から受けた最初の大きな打撃であった。その次に得られる情報も匈奴の月氏に対する攻撃とその勝報であった。序章で紹介した冒頓単于の書簡（前一七六）の中に、「匈奴が月氏を全滅させた（夷滅月氏）」とあった。しかし、なおしばらく月氏は中国辺境にとどまっていたらしく、冒頓単于を継いだ匈奴老上単于によって決定的な打撃をこうむる。『史記』大宛伝の中に、

このとき（建元年間、前一四〇〜前一三五）、天子（武帝、在位前一四一〜前八七）が匈奴の投降者に尋ねると、みな次のように答えた。「匈奴が月氏王を殺害し、その頭骨で酒杯（飲器）をつくった。月氏はみな逃散したが、今でもなお匈奴を仇敵として、仕返ししたいと望んでいる。しかし共謀する相手が見つからない」と。

匈奴の投降者たちのことばは、いかにも武帝に月氏との協同作戦を勧めているように聞こえる。情報はやはり間接的であるから、真相はわからない。月氏王を殺害し、その頭骨で酒杯をつくったのは、後で見るように、匈奴の老上単于であった。それからすでに多くの歳月が経過して

いる。しかし武帝にとって興味のそそられる話であり、試してみる値打ちがありそうだった。

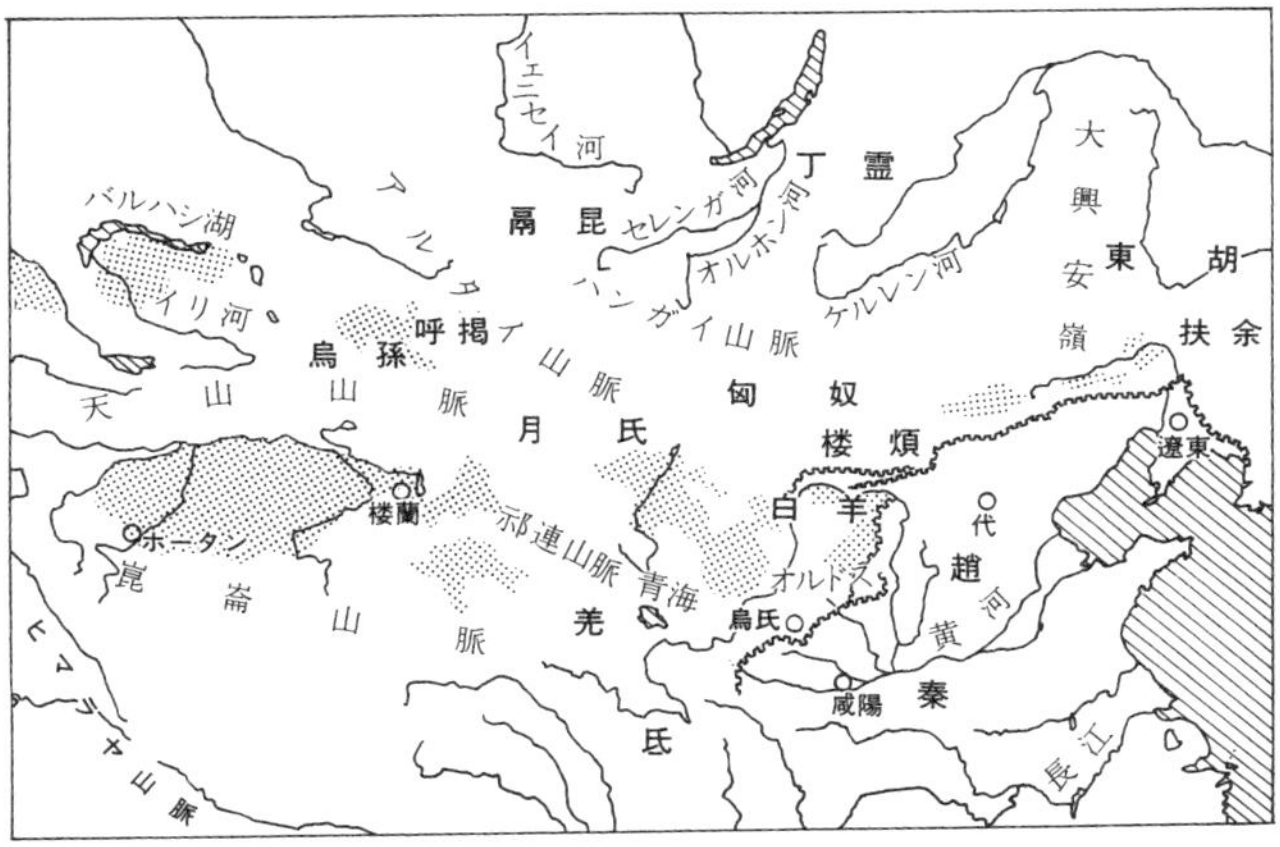

1…前三世紀頃の北アジア遊牧諸民族の分布

◈頭蓋骨の酒杯

ところで敵を殺戮した後、その頭骨で酒杯をつくることや、その頭皮を剝ぎ取ることは、ユーラシアの遊牧民族の間に古くから見られる風習であった。ヘロドトスの『歴史』巻四には、戦争に関するスキタイ人（前七世紀以降ロシア南方の草原地帯に栄えた遊牧騎馬民族）の風習が次のように述べられている。

【六四節】……スキュティア人は首級の皮を次のようにして剝ぎとる。耳のあたりで丸く刃物を入れ、首級をつかんでゆすぶり、頭皮と頭蓋骨を離す。それから牛の肋骨を用いて皮から肉をそぎ落し、手で揉んで柔軟にすると一種の手布ができ上る。それを自分の乗馬の馬勒にかけて誇るのである。この手布を一番多く所有する者が、最大の勇者と判定されるからである。

【六五節】……スキュティアにはこのような風習が行なわれているのであるが、首級そのものは次のように扱う――ただしどの首級もというのではなく、最も憎い敵の首だけをそうするのであるが、眉から下の部分は鋸で切り落し、残りの部分を綺麗に掃除する。貧しい者であれば、ただ牛の生皮を外側に張ってそのまま使用するが、金持ちであれば牛の生皮を被せた上、さらに内側に黄金を張り、盃として用いるのである。

（松平千秋訳『ヘロドトス』筑摩書房による）

アルタイのパズィルィク第二号墳(ロシアのオビ川上流域、アルタイ山中の古墳。前六〜前五世紀)の被葬者の死因は戦争であり、しかも頭皮が剝ぎ取られていた。したがって匈奴およびその周辺の遊牧民族の間にもスキタイと同じ風習があったことになり、その文化的、あるいは人種的緊密さが推測され、興味深い。江上波夫は「ユーラシアにおける頭皮剝奪の風習——スキタイの起源の問題に寄せて」(『アジア文化史研究』論考篇、一九六七)において、「ヘロドトスのスキタイ・アジア起源説の真意如何や、アンドロノヴォ文化の西漸の意義如何が新に省みられねばならぬとともに、エールベルトやミンズが示唆したようにスキタイ支配部族(王族スキタイなど)のアルタイ系ないしウラル・アルタイ系民族説も、いまだに軽々に放棄しえない所以が了解されよう」と結んでいる。

◈大月氏への使者、張騫

月氏の主要部分はパミール高原の西、現在のウズベキスタン南部からアフガニスタン北部の地域に移動しても、なお甘粛西部に少数派の月氏が取り残された。それらは西遷した月氏を大月氏と呼ぶのに対して、小月氏として区別された。漢の武帝が遠交近攻策の同盟相手として選ぶのは、もちろん大月氏の方であった。武帝は月氏の真意を探るため、大月氏へ使者を派遣することに決心した。使者は敵地を通過するのであるから、よほど勇敢、有能な人物でなくては務まらない。武帝は使者を広く公募することにした。当時、張騫《ちょうけん》は下級官僚の「郎」の身分であったが、この大役に挑戦してみたいと応募した。結果はみごと合格であった。張騫は生まれつき強健な身体を持ち、大らかな人柄で、他人をよく信頼し、誰からも好かれる性格だった。それに持ち前の進取の精神と冒険心が買われたのであろう。また、張騫の従者に堂邑氏の家で働いていた匈奴人の甘父が選ばれた。甘父は通訳と道案内を兼ねることができ、弓を射ることに熟練しており、かりに道中で窮乏に陥っても、鳥や獣を射とめて食糧を得ることができる人物であった。

張騫が大月氏旅行に費やした年数は一三年であった。その大部分は匈奴中に抑留された期間であった。『史記』大宛伝には、張騫の出発の年も、帰国の年も明記されていない。しかし張騫たちが帰路に抑留されていたとき、匈奴単于が死没する事件があり、その混乱に乗じて脱出し、帰国できた。そのとき、死亡した単于とは軍臣《ぐんしん》単于(在位前一六〇~前一二六)に間違いなく、『史記』匈奴伝によると、かれの死は元朔三年(前一二六)である。したがって、張騫らの出発年は前一三九年(建元二)、または前一三八年(建元三)、月氏到着は前一二九年(元光六)、そして帰国年は前一二六年(元朔三)である。中国を出発したときの使節団は一〇〇名あまりからなる大キャラヴァンであったが、帰国できたのは張騫と堂邑の甘父の二人だけであったという。

◈『史記』大宛伝

張騫と堂邑甘父は苦難の末、月氏にたどりつくことができたが、対匈奴同盟の交渉は、結局不首尾に終わった。しかし一人の中国人官僚が匈奴の包囲を突破し、その西方に広がる未知の世界をのぞいて帰国したことは、驚くべき事件であった。歴史家の司馬遷は張騫と同時代人であった。司馬遷は張騫の旅行報告をもっとも貴重な資料として、『史記』の中に「大宛伝」の表題で当時の西域事情を書いた。大宛とは現在のフェルガーナ盆地、シル・ダリア上流域であり、張騫がたどりついた最初の西域大国であった。司馬遷は「大宛伝」の最後に、自分の感想を次のように言う。

太史公(司馬遷)言う。……『禹本紀』『山海経』に記されている西方世界の怪しげなことどもは、私としてはもはや語るまい。

中国のヘロドトスと呼ばれる歴史家、司馬遷のおかげで、私たちは張騫の旅行報告の概略を知ることができる。以下、『史記』大宛伝の一部を読んでみよう。

【出発】……張騫はもと堂邑氏の匈奴奴隷であった甘父といっしょに隴西を出て、匈奴の領域に入った。はたして匈奴に捕まり、軍臣単于のもとに連れていかれた。単于はかれらを抑留して言った。「月氏はわが国の北(背後)にある。漢はどうして使者を送ることができよう。わが国が越(南越。当時、今の広東、広西、ヴェトナムを支配していた国)に使者を送りたいと思っても、漢はそれを許すだろうか」と。そのまま張騫を抑留して、一〇年あまり過ぎた。

その間、妻を与え、子さえできた。しかしながら張騫は使者の符節を保持しつづけ、忘れることはなかった。匈奴人の中で暮らしていたので、しだいに監視がゆるやかになった。そこで張騫は仲間と逃走し、月氏に向かった。西走すること数十日で、大宛に到着した。大宛は漢の財物が豊かなことを聞き、通交したいと望みながら、まだ果たせずにいた。張騫を見ると喜び、「どこに行こうとするのか」と尋ねた。張騫、「漢のために月氏へ使者として行くところですが、匈奴に道をふさがれ、今ようやく逃れてきたところです。どうか国王よ、私に道案内を付けて月氏にまで送ってください。もし無事に月氏にたどりつき、漢に帰ることができましたら、漢は国王に数えきれないほどの財物を贈るでしょう」。大宛はもっともと思い、張騫を出発させた。道案内と通訳を付け、まず康居《こうきょ》（キルギス、カザフスタン草原の遊牧民）まで送り、次いで康居が大月氏にまで送りとどけた。

大月氏は国王が匈奴に殺された後、太子を新たな国王に立て、すでに大夏《たいか》（バクトリア）を征服して、その地に移住していた。土地は肥沃で敵も少なく、すっかりその地に安住していた。また、自ら漢から遠く隔たっていることを考え、もはや匈奴に報復する気持ちはなかった。張騫は月氏から大夏に赴いたが、結局、月氏から期待した返答を得ることができなかった。

【帰国】……張騫は一年あまり逗留してから、南山（崑崙《こんろん》山脈）に沿って帰途に就いた。羌族《きょう》（チベット系遊牧民）の領域を通って帰ろうとしたが、またもや匈奴に捕らえられてしまった。

拘留されて一年あまり過ぎたとき、匈奴の単于が死んだ。左谷蠡王が太子を襲撃して自ら単于になろうとし、匈奴国内は混乱した。張騫は匈奴人妻と堂邑の甘父といっしょに漢に逃げ帰った。漢は張騫を太中大夫に取り立て、また堂邑の甘父を奉使君に取り立てた。
張騫が自ら訪れた国は、大宛、大月氏、大夏、康居であり、伝聞した周辺の大国が五、六ヵ国あり、それらについて天子（武帝）に詳しく報告した。

【大宛】……大宛は匈奴の西南にあり、漢の真西にあたります。漢からの距離は一万里ほどであります。その生活は定住であり、農耕を営み、コメとムギを栽培します。ブドウ酒をつくり、すぐれたウマを多く産します。ウマは血のような汗を流し、天馬の子孫だといわれています。城壁をめぐらせた都市、家屋を持ち、国内には七〇あまりの大小の都市があります。人口は数十万ほど、武器は弓、矛を用い、騎馬して弓を射ます。
大宛の北は康居、西は大夏、東北は烏孫、東は扜罙・于窴（ホータン）です。于窴から西では、川はみな西に向かって流れ、西海（アラル海）に注ぎます。于窴から東では、川は東に向かって流れ、塩沢（ロプ・ノール）に注ぎます。塩沢の水は地下を潜行して、南のはてで黄河の水源となるのです。そのあたりは玉を多く産し、黄河は中国へと流れていきます。楼蘭と姑師は城壁のある都市であり、塩沢に臨んでいます。塩沢は長安から五〇〇〇里ほどの距離にあります。匈奴の西部勢力（右方）は塩沢以東の地域を支配し、隴西の長城に至って南の羌族と接し、漢への交通路を遮断しています。

【烏孫】……烏孫は大宛の東北二〇〇〇里ほどのところにあり、遊牧国家(行国)です。家畜とともに移動し、生活習慣は匈奴とほぼ同じです。弓を射る兵士は数万人、勇敢に戦います。もとは匈奴に服属していましたが、強国になってから、匈奴の羈絆を受けながらも、毎年の集会(朝会)には出席しようとしません。

【康居】……康居は大宛の西北二〇〇〇里ほどのところにあり、遊牧国家(行国)で、生活習慣は月氏とほぼ同じです。弓を射る兵士は八、九万人おります。大宛の隣国ですが、国が弱小なため、南からは月氏の羈絆を受け、東からは匈奴の羈絆を受けています。

【奄蔡】……奄蔡は康居の西北二〇〇〇里ほどのところにあり、遊牧国家(行国)で、生活習慣はほぼ康居と同じです。弓を射る兵士は一〇万あまりおります。国ははてしない大沢に臨んでおり、たぶんそれが北海(カスピ海あるいは黒海)といわれるものと思われます。

【大月氏】……大月氏は大宛の西、二、三〇〇〇里ほどのところ、嬀水(オクサス河、現アム・ダリア)の北に居住し、その南は大夏、西は安息、北は康居であります。遊牧国家(行国)であり、家畜とともに移動し、その生活習慣は匈奴と同じです。弓を射る兵士は一、二〇万人ほどおり、以前はとても強盛で、匈奴を軽んじていました。しかし、冒頓が匈奴の単于になりますと、匈奴は月氏を撃破しました。次いで老上単于になりますと、月氏王を殺害し、その頭骨で酒杯(飲器)をつくりました。もともと月氏は敦煌、祁連山の地帯(甘粛西部)に居住していましたが、匈奴に撃破されるに至り、遠方に移動しました。かれらは大宛

（フェルガーナ）を通過し、西方の大夏（バクトリア）を攻撃し、征服しました。その後、嬀水

（オクサス河）の北に本拠を定め、王庭としました。月氏のうち西遷することのできなかった少数の者は、南山の羌族（チベット系部族）のもとに身を寄せ、小月氏と称しています。

【安息（パルティア）と条枝（ペルシア湾東岸地方）】……省略。

【大夏】……大夏は大宛の西南二〇〇〇里ほどのところ、嬀水の南に居住しています。その習俗は定住の生活で、城壁都市、家屋を持ち、大宛と同じであります。国の大王は存在せず、城壁都市ごとに小王が存在するだけです。その兵は臆病で、戦争を恐がりますが、商売には長けています。大月氏が西遷してきたとき、大夏を攻撃して征服し、大夏の住民はみなその支配を受けることになりました。大夏の人口は多く、一〇〇万人あまりおります。その首都は藍市城といい、その市場ではいろいろな商品が売買されています。その東南には身毒国（インド）があります。

以上が、張騫が実際に見聞きしてきた西域諸国についての報告である。月氏について、私たちはようやく直接的な情報に接するわけであるが、さほど目新しくもなく、詳しくもないのが残念である。大月氏はアム・ダリア流域の肥沃な土地を征服し、そこにすっかり安住し、かつて匈奴と対抗した遊牧民族月氏の姿は薄れている。張騫は月氏の王庭ばかりでなく、アム・ダリア（古名オクサス）河を渡り、大夏にまで足を運んで使命を果たそうと努力した。しかし、漢・月氏の同

盟はついに実現しなかった。『史記』大宛伝の文章には、「竟不能得月氏要領(ついに月氏の要領を得る能わず)」と表現されていた。

しかしながら、張騫がその時期、その場所で目撃した内容は、歴史的に見てきわめて重要な意味を持つ。というのは、ギリシア・ローマ側からの記録によると、前二世紀中頃、バクトリアに存在したギリシア人の都市が、シル・ダリア(古名ヤクサルテス)河のかなたから侵入してきた遊牧民族によって滅亡したことが書かれている。その記録は中国側の記録と同じくらいに簡潔なものである。ギリシア人からバクトリアを奪った遊牧民族はスキタイ、あるいはペルシア的表現ではサカと呼ばれたという。ひょっとすると、張騫はその遊牧民族の跡を追って、アム・ダリア流域、つまりバクトリア(大夏)の世界に足を踏み入れたのかもしれない。これに関する東西の歴史記録の照合については、第二、三章で取り上げることにする。ここでは張騫が発見したもう一つの驚くべき事実を紹介したい。「大宛伝」の張騫の報告は以下のように続く。

【邛竹杖と蜀布】……私が大夏におりましたとき、「その市場で」邛《きょう》特産の竹杖と蜀特産の布が売られているのを見ました。「どのようにしてそれらを手に入れたのか」と尋ねますと、大夏の住民は答えました。「大夏の商人が身毒(インド)に行き、買って帰るのです。身毒は大夏の東南数千里ほどのところにあります。その習俗は定着の生活で、大夏とほぼ同じですが、その国はとても蒸し暑いところといわれています。身毒の人びとはゾウに乗って戦争し、大河に臨んでいます」と。

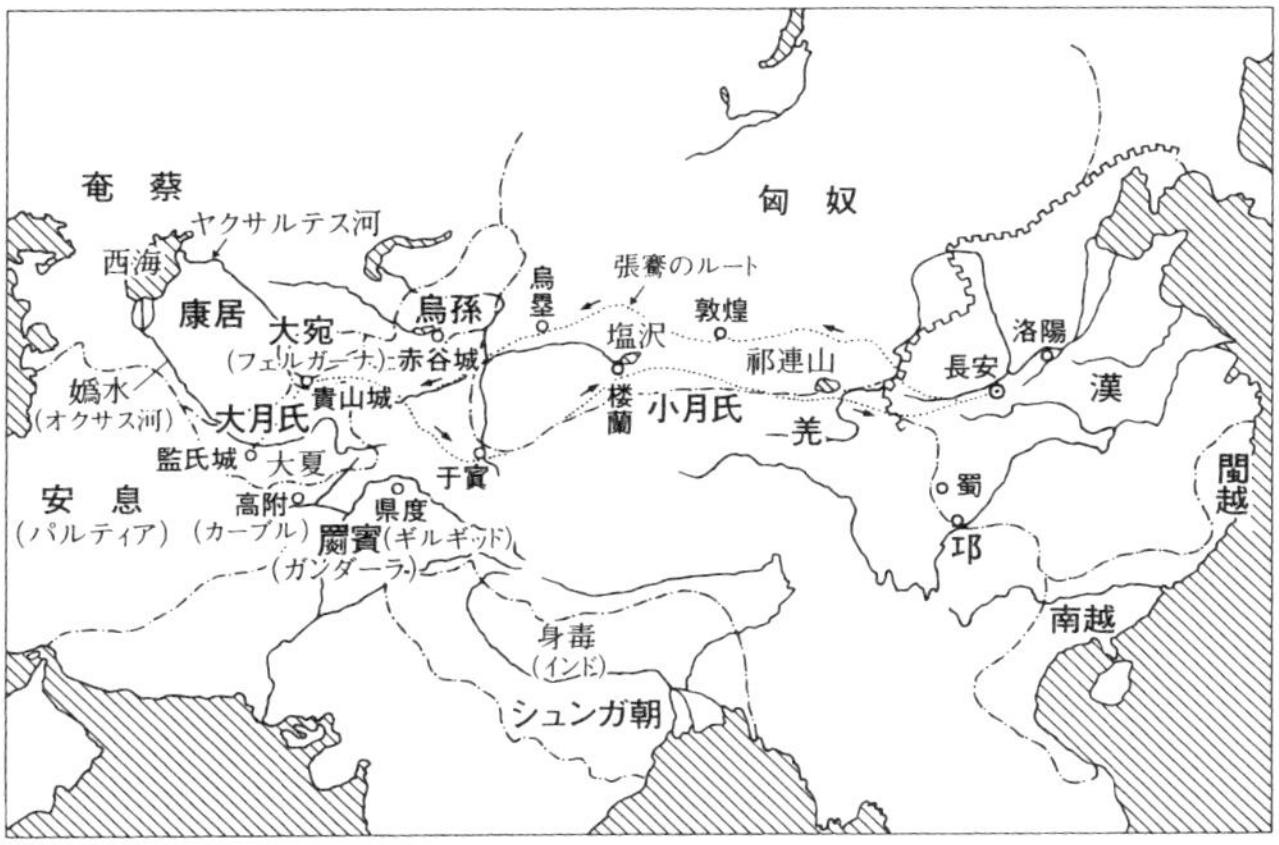

2…張騫の遠征と前二世紀頃の中央アジア

◈新しい世界地図

張騫が大夏にまで来たとき、かれは中国人未到の世界に来たと思ったに違いない。しかし、なんとすでにそこには中国四川産の邛竹杖や蜀布が先まわりして運ばれているではないか。張騫はその入手経路を聞いて考えた。広い空間を頭に描き、そこに中国の長安、四川、身毒、そして大夏を配置してみた。四川は中国の西南にあり、さらに西南に行くと身毒(インド)に至る。そこから北西に転ずると大夏に至る。大夏から長安はかれがたどってきた道に同じ。そこに大きな世界地図ができあがる。その西方にも安息(パルティア)や条枝(ペルシア湾東岸地方)などの大国が広がる。中国は世界のすべてでもなければ、その中心でもなかった。東の一隅を占める世界の一部分にすぎなかった。張騫は世界の広さを正しく認識した初めての中国人であった。

張騫の帰国後、かれの伝える西域情報は珍重され、かれは「鑿空の人」、つまり未知の世界にトンネルを開けた人と評価された。治安、交通事情が改善されると、漢代社会に西域ブームが始まった。人びとはわれもわれもと張騫に倣い、西域諸国に出かけていった。大宛のウマ、西域諸国の珍物を手に入れるため、「使者は道路にひきもきらなかった(使者相望於道)」とか、中国の絹や特産物が大量に輸出され、希少価値が失われるほどであった(使者既多、而外国益厭漢幣、不貴其物)と「大宛伝」は述べている。

◈古代世界経済

当時、ギリシア・ローマの地中海世界、ペルシア、インドはダリウス大王（アケメネス朝ペルシアの王。在位前五二二～前四八六）のギリシア遠征やアレキサンダー大王（マケドニアの王。在位前三三六～前三二三）のインド遠征で示されるように、すでに一つの歴史的歯車構造（システム）に組み込まれていた。しかし中国はなおこのシステムの外にあった。ただ、薄く、軽く、透けるように美しい絹を産出するセレスの国は、ぼんやりとであったが、すでにこの世界システムに知られはじめていた。張騫の遠征は漢代社会がこの世界システムへ参入する下地をつくったといえる。確かに、張騫が大夏で中国四川産の竹杖や蜀布が売られているのを見て驚いたように、間接的には世界経済への中国参入が始まっていた。むろんそれ以前でも、殷周時代あるいはそれ以前からホータンの玉やペルシアのトルコ石などが中国に搬入されていた。今回のばあいは、中国が自ら意識して直接に世界システムに参入することを求め、そのシステムを積極的に活用しようとしたところに画期的なところがある。前二世紀末から後二世紀にかけての時期は、ローマから漢に至るまでの、文字どおりの世界システムが活発に機能しはじめた時代であった。

◈シノ・カロシュティ貨幣

ちょうどその時期、後一～二世紀頃に西域南道のホータン国王は大小二種の銅貨を発行した。表面にウマの図柄とカロシュティ文字（古代西北インドのガンダーラ地方で使用された文字。中央アジアにも波及)で王名を、裏面に漢字で「廿四銖」(大銭)、あるいは「六銖」(小銭)と額面を記した。二語併用なので、今私たちはシノ・カロシュティ貨幣と呼んでいる。当時の中国は五銖銭を使用していた。ホータン国王の発行した大小銅貨の重さは、クシャン王朝(一~三世紀に中央アジアからインド北部を支配した王朝。月氏の後裔ともいわれる。本書第四、五章参照)の発行する銅貨に相当した。クシャン王朝のヴィマ・カドフィセス王はクシャン王朝の通貨に初めて金貨を導入し、それを当時のローマ帝国のアウレウス金貨の重さ(約八グラム)と同一にし、大小二種の銅貨をその補助貨幣として発行した。したがって、理論上ではローマから中国まで、通貨が一つの基準でつながった。古代世界における、わずかな期間ではあったけれども。そうしてその頃が、いわゆるシルク・ロードのもっとも繁栄した時期であった。

さて、中国の漢が世界経済に参入することによって、世界経済、世界システムは一層重要さを加えた。政治、経済的交流にともなって、知識、技術、思想、芸術の東西交流も行なわれた。インド仏教文化の中国伝来を例に取っても、それは明らかである。中国が世界経済に参入することを願ったように、遊牧民族の月氏や匈奴にとっても、それは限りない魅力であった。シルク・ロードを支配し、貿易を仲介することでその利潤配分にあずかることは、むしろ遊牧民族のもっとも得意とする、もっとも有利な経済活動であったからである。

◈遊牧民族の活動

月氏と匈奴、漢と匈奴の三つどもえの戦争は、この世界貿易参入の問題抜きには、理解できないであろう。その戦争で最後に勝利を得たのが漢の武帝であるとすれば、月氏は早くからその利益に気づき、中国西北辺境において経済活動をしていた遊牧民族であった。かれらがいつ、どこから来た遊牧民族であったか、後ほど詳しく検討しよう。匈奴の冒頓は月氏の中でしばらく人質として暮らしていた。その間にあの世界経済のメカニズムに気づいたのではないか。その冒頓単于がついに月氏に取って代わったのである。

『史記』大宛伝に載せる張騫の大月氏遠征復命書によれば、中国の辺境から追われてアム・ダリア流域に落ち着いた月氏は、その北岸に王庭を据え、なお一〇万から二〇万の弓を引く兵士（控弦者）を有する大勢力であったという（中国辺境に居残った少数派の小月氏に対し、大月氏と呼称する）。かれらは人口一〇〇万の土着大夏人を征服して支配下に置いており、物産豊富で、もはや中国辺境の故地に戻り、漢と同盟して匈奴を挾撃する意図はなかった。そのとき、大月氏が次の目標をインドに定めていたかどうかは定かではない。しかし、その一五〇年あるいは二〇〇年後には、大月氏の五翕侯《きゅうこう》の一つ、貴霜（クシャン）部族が他の四翕侯を併合し、ヒンドゥクシュ山脈を越え、ガンダーラ、インドを征服し、強大なクシャン帝国をつくりあげた。クシャン人はローマ帝国、インド、漢帝国の仲介者として、世界の十字路に立ったのである。

◈匈奴と漢の抗争

張騫の帰国後、なおも匈奴と漢の激しい攻防戦は続いた。元朔四年(前一二五)に匈奴右賢王が中国北辺に侵入し、掠奪を行ない、漢側は大将軍衛青《えいせい》を出征させて、匈奴と戦った。従軍した張騫は、水や牧草のある場所を適宜指示し、軍隊は窮乏から免れることができた。この功績で張騫は博望侯に昇格した。元狩元年(前一二二)にまた匈奴が中国北辺に侵入した。このとき右北平(熱河平原)から出征した李広将軍は匈奴の左賢王に包囲され、張騫の救援部隊も間に合わず、本隊がほぼ全滅してしまった。張騫は到着が遅れた罪で死刑をいいわたされたが、贖罪によって生命だけは助かった。

他方、隴西から西方へ出撃した驃騎将軍霍去病《かくきょへい》の方は大きな戦果をあげ、居延(エチナ河下流)、焉支山、祁連山の一帯の匈奴西部軍を敗北させた。このため、単于から敗北の責任を追及されるのを恐れた渾邪王《こんや》は、匈奴民四万人を引き連れて漢に降伏した。甘粛省南部の蘭州から河西回廊、塩沢(ロプ・ノール)に至るまでの地域から、一時匈奴の姿が消えた。漢が西域へ進出する絶好のチャンスであった。

◈烏孫との同盟

漢の武帝は官職を失い、庶人となっていた張騫をたびたび召喚して、匈奴対策について意見を求めた。張騫は即座に天山山中の遊牧民族、烏孫と手を結ぶことを提案した。自らその使者の任にあたることも申し出たのかもしれない。

私が匈奴の中にいたとき、次のように聞きました。「烏孫王は名を昆莫《こんばく》といい、その父は匈奴西辺の小国の王でありました。匈奴はそれを攻撃し、その父を殺害しました。昆莫は生まれながらにして野原に捨てられましたが、烏が肉を銜えてその上を飛びかい、狼が来て乳を飲ませました。単于はそれを不思議に感じ、神人であるとして引き取り育てました。壮年になって軍隊を率いさせたところ、しばしば軍功を立てたので、単于は亡父の民衆を昆莫に戻してやり、西城の守備隊長に取り立てました。昆莫は民衆をよく慰撫統率し、近隣の小邑を撃破したので、弓を引く兵士が数万となり、みな戦闘に熟練しました。[老上]単于が死ぬや、昆莫は民衆を率いて遠方に移住し、匈奴から独立して朝会(匈奴の部族集会)には参加しなくなりました。匈奴は遊撃部隊を派遣し襲撃を試みましたが、勝つことはできず、昆莫を神人として敬遠し、名目的に服属させるだけで、あまり大がかりに攻撃することはしなくなった」と。

しかるに今、匈奴の[伊稚斜《いちしや》]単于は新たに漢の攻勢に苦しんでおり、かつての渾邪王領地は無人地帯となっております。蛮族は習性として漢の財物に対し貪欲であり、もし今この時機をとらえ、烏孫に莫大な贈り物を与え、もっと東方に招き寄せ、渾邪王旧地に居住させ、漢と兄弟の関係を結ぶならば、烏孫の勢力は漢の思いどおりとなりましょう。そうなれば、まさしく匈奴の右臂を断ち切ったも同然であります。いったん烏孫と連盟してしまえば、それより以西の大夏をはじめとする諸国は、みな招き寄せて外臣とすることができましょう。

武帝は張騫の献策を受け入れた。張騫は新たに中郎将に任命され、部下三〇〇人が与えられた。使節は一人につきウマ二頭、数万頭のウシとヒツジ、莫大な額の黄金と絹織物を携え、烏孫に向けて出発した。そのさい、多数の副使が張騫に同行した。かれらは途中、張騫の使節と別れ、大宛、康居、大月氏、大夏、安息、身毒、ホータンなどの諸国に使節として赴いた。張騫がどのような経路で烏孫に入ったのかは、史料に明示されていない。しかし、後世の烏孫と漢との交流経路を見ると、西域北道のアクス(温宿)から天山山中に入ったらしい。南からベダル峠を越えていくと、イシック・クル湖の南縁に到達する。イシック・クル湖は標高一六〇〇メートルのところにある美しい湖である。東西一八二キロメートル、南北五八キロメートル、周囲を取り巻く山の斜面、渓谷は牧草の豊かな放牧地である。ナリン河に沿って西方に下れば、大宛(フェルガーナ)へ、イシック・クル湖の西端をめぐってチュー河上流域に出れば、それより北西は康居の領域となる。イシック・クル湖の東端をめぐり、北上すればイリ河の流域に出で、それより東方、イリ河の上流域(中国領)に至るまで、烏孫の領域が広がっていた。匈奴が烏孫と接触するとすれば、天山の北側からイリ河上流域を通じてであったと思われる。『漢書』西域伝には、漢と交渉を持つようになってからの烏孫を次のように記述する。

【烏孫国】……烏孫国の大昆弥(大王)は赤谷城に治所を持つ。長安からの距離は八九〇〇里あり、戸数は一二万、人口は六三万、勝兵は一八万八八〇〇人である。相、大禄、左右大将二人、侯三人、大将、都尉各一人、大監二人、大吏一人、舎中大吏二人、騎君一人がいる。東のかた西域都護の治所(烏塁城、クチャの東一〇〇キロメートル)まで一七二一里、西のかた康居の中心まで五〇〇〇里である。平地は草原が広がり、雨が多く寒冷地である。山にはマツ、アキニレの樹木が多い。耕作、播種を行なわず、家畜とともに水、草を求めて移動し、その生活習慣は匈奴と同じである。烏孫国内にはウマが多く、裕福な人は四、五〇〇〇頭を保有するに至る。烏孫の民は剛悪で貪欲、信義がなく、強盗が多く、最強の国である。かつては匈奴の支配に甘んじていたが、その後強盛となるに従い、服属は名目だけのものとなり、匈奴の部族集会(朝会)に参加しようとしない。国境は東で匈奴、西北で康居、西で大宛、南で城郭諸都市(オアシス国家)に接する。

張騫はイシック・クル湖の南辺で烏孫王、昆莫に面会し、持参した武帝からの贈り物を手渡した。「もし、烏孫が匈奴渾邪王の旧地に移住できるならば、漢としては公主(帝室の女)をあなたに王妃として送ることができます」と伝えた。しかし、当時の烏孫国は分裂状態である上、国王自身も年老い、漢帝国の勢力がどれほどのものかも知らなかった。烏孫は匈奴と近接し、長年にわたって匈奴の支配を受けていたので、烏孫の大臣たちは匈奴を恐れ、移住を願わなかった。国王の独断で決めることもできず、かつての大月氏の場合と同じく、「その要領を得ず（不得其要領）」で、同盟交渉は不首尾に終わった。張騫は烏孫から帰国後、大行令に任ぜられ、九卿（大臣）に列したが、一年あまりして死没した（前一一四）。

◈烏孫公主

漢は烏孫との通好を契機に、さらに西方の大宛、大月氏へ使者を派遣しはじめた。匈奴は烏孫が漢と通じたことを知ると、怒って攻撃を加えようとした。恐れた烏孫は漢帝室から公主をめとり、漢と同盟する決意をした。まず烏孫から聘（結納）として漢にウマ一〇〇〇頭を贈り、漢は江都王建の娘、細君《さいくん》を公主として烏孫王昆莫に嫁入させた。細君とその侍従数百人が乗輿、衣服などの多くの下賜品とともに烏孫王のもとに送られた。匈奴もそれに負けじと単于の娘を烏孫王に送ってきた。烏孫王昆莫は両大国の板挟みに苦しみ、細君を右夫人、匈奴妻を左夫人としたという。細君はことばの通じない異境の地で望郷の念に駆られ、悲しみの歌を自作している。

　漢家は私をさいはての地へ嫁入させ、
　遠く異国の烏孫国王のもとに託した。

穹廬（テント）の家屋に、毛氈（フェルト）の障壁、
肉を食物とし、乳酪（ヨーグルト）を飲み物とする。
つねに本土のことを思い、そのたびに心が傷む。
願わくは、黄鵠（ハクチョウ）となって故郷に帰らん。

昆莫は年老いたので、細君を孫の岑陬《しんしゅ》の妻にさせようとした。公主は耐えきれずに武帝に直訴した。しかし、その返事は「今は烏孫の風習に従い、烏孫人と協力して匈奴の滅亡に力を尽くしてほしい」とあった。やがて細君は岑陬の妻となって、子を生んだ。

◈烏孫赤谷城の位置

ところで烏孫の住地はいったいどのあたりにあったのだろうか。『漢書』西域伝の烏孫条によると、国王の居所は赤谷城であった。細君の歌にあるように、烏孫はテント（穹廬）生活を送る遊牧民であり、本来都城を持たなかったと思えるが、細君が烏孫に入ってから、中国の文化を取り入れ、王城、宮殿を構えはじめたらしい。赤谷城の位置については、漢元帝の建昭三年（前三六）に、西域都護の甘延寿《かんえんじゅ》と副校尉陳湯《ちんとう》とが康居の地に亡命した匈奴の郅支単于を討伐した経路から推定することができる。

郅支単于は匈奴が分裂した時期の五単于の一人であり、西の康居を支配下に収め、漢に反抗す

る姿勢を見せていた。甘延寿らは西域都護の治所から温宿（アクス）に進み、天山山脈のベダル峠を越えて烏孫国の赤谷城に入った。そこから門池（イシック・クル湖）の西側に出、烏孫と康居の境界域を通り、チュー河に沿って平野に下り、やがてタラス（都頼水）河畔に逗留していた郅支単于の城を攻撃し、城内にいた単于以下三〇〇〇人余の匈奴人集団を壊滅させた。以上の討伐軍の行程から見ると、赤谷城はイシック・クル湖南岸付近にあった。烏孫の領域はそこより東側に広がり、天山山脈の北斜面とイリ河の中、上流域を占めたと思える。現在のキルギスから中国新疆ウイグル自治区およびカザフスタンのイリ河流域にあたる。烏孫は匈奴と違って、天山山中の高低差を利用した移牧型の遊牧民であった。漢は西域北道から天山を越えて烏孫に通じ、一方、匈奴は天山山脈の北方からイリ河沿いに接近した。康居の居住地域はチュー河で烏孫に接し、その西側のタラス河の流域から天山山脈の西端をめぐり、シル河の中流域、つまりフェルガーナ盆地（大宛国）の出口にまで及んでいたと思える。タラス流域に移住してきた郅支単于の匈奴勢力は烏孫にとっても、また寄留された康居にとっても苦痛の種となっていたのである。

第二章

月氏西遷をめぐって——塞民族の虚構性

◈月氏西遷の経路と時期

これまでわずかな歴史文献をもとに、月氏の西遷経路やその時期について、多くの研究者が論争を繰り広げてきた。今ではほぼ定説を見たように思われているが、私はそれに疑問を抱く。その疑問はもしかすると、もっと大きな問題、つまり月氏民族の謎を解くカギを握るかもしれないと思う。

張騫の月氏遠征を最初に本格的に研究したのは日本の桑原隲蔵「張騫の遠征」(一九一六)であった。桑原隲蔵は漢文史料を精密に検討し、月氏は時期、場所をたがえながら、段階的に西遷したのだと主張した。

老上単于の時代に月氏は遂に敦煌の故土を攘はれて、今の伊犂(イリ)方面に移ると、烏孫の昆莫は匈奴の後援を得て、月氏を撃って往年の怨みを報じた。かくて月氏は烏孫に敗れて、伊犂(イリ)より更に中央アジアに移り、烏孫は代って伊犂(イリ)地方を占領することとなった。この年代に就いても、学者の間に異説が多い。

月氏がイリ地方から中央アジアに移った年代について、桑原隲蔵は次の二点から張騫の匈奴抑留一〇年の間のできごととした。

一、匈奴の降伏者は、大月氏が匈奴に対して復讐を計画中であると武帝らに情報を漏らしているから、当時月氏はまだ遠く中央アジアにまで移動していないはずである。

二、張騫を抑留したとき、匈奴単于は「月氏はわが北にあり（月氏在吾北）」と言っているから、当時大月氏はなお匈奴の西北にあたるイリ地方に居住したと認めた方がよい。

桑原以後の研究者の中にもこの考え方に賛成する者が多い。とくに一時イリ地方に居住したということに疑問を挟む者は少ない。しかし私はこの推理に危惧の念を持つ。というのは桑原隲蔵の段階的移動説が『史記』ではなしに、『史記』の文章を後世机上で書き直した班固編『漢書』の「張騫伝」や「西域伝」に基づいているからである。桑原隲蔵が「イリ地方に落ち着いた月氏を烏孫が匈奴の援助をかりて、西方に追い払う」と言う歴史事実は、『史記』からは裏づけられない。月氏の西遷に烏孫は関係がない。『漢書』の編者、班固（三二〜九二）は司馬遷の知らない二世紀以前もの新事実をどこから得たのか。なにか事情があるのかもしれない。

◈「塞」の記録

張騫が見聞した中央アジアの民族分布を烏孫を中心に復習してみよう。烏孫王の居所はイシック・クル湖の南縁の赤谷城にあった。天山山脈の山中である。イシック・クル湖の西縁を経て西北方へ流れるチュー河に沿って下れば、康居の東境に入った。またイシック・クル湖の西南から流れ出るナリン河(シル・ダリア上流)に沿って西南に向かえばフェルガーナ盆地、つまり大宛に通じた。烏孫赤谷城から南の天山山脈を越えれば、タクラマカン砂漠の北縁、つまり西域北道のアクス(温宿)、あるいはカシュガル(疏勒)に出ることができた。イシック・クルの東部およびイリ河の上流域もまた烏孫の領域であり、その東北において、かつては月氏と接し、月氏の西遷後は匈奴と接した。

ところが班固『漢書』の「西域伝」、および「張騫伝」には、もう一つ別の民族、つまり「塞」民族が大月氏や烏孫と並んで登場する。それは司馬遷『史記』の知らないものであった。したがって、『史記』と『漢書』の記載にくいちがいが出ることは、当然予想されることであり、これまで多くの歴史家の頭を混乱させてきた。私はその混乱を避けるため、前章では主として『史記』の内容によって述べてきた。

次に『漢書』西域伝の烏孫条と罽賓条の内容を取り上げてみよう。

【烏孫国】……東は匈奴と、西北は康居と、西は大宛と、南は城郭諸国と隣接する。烏孫の地はもともと塞族の領土であった(本塞地也)。大月氏が西のかた塞王を撃破すると、塞王は南のかた県度(ギルギット)を越えていき、大月氏はその地を占めた。その後、烏孫王昆莫が大月氏を撃破すると、大月氏は西方へ移動して大夏を征服し、代わって烏孫王昆莫がその地を占めた。ゆえに、烏孫民族の中には塞種や大月氏種が混じるという。

【罽賓国】……むかし、匈奴が大月氏を撃破すると、大月氏は西のかた大夏を征服し、他方、塞王は南のかた罽賓(ガンダーラ。現在のパキスタン北部)を征服した。塞種は分散し、往々にして数国となり、疏勒より西北の休循、捐毒のたぐいは、みなかつての塞種である。

『漢書』の文章は明快であり、したがって先学たちはこの『漢書』の記述をよりどころにして、「塞」の民族移動史を研究した。なかでも、白鳥庫吉は「塞民族考」(原著一九一七〜一九一九、『西域史研究』上巻に所収)と題する長編の論文を書き、「塞」民族がギリシア・ローマ史料においてはスキタイと呼ばれ、ペルシア史料ではサカと呼ばれた遊牧民族のことであり、アフガニスタン北部に存在したギリシア人バクトリア王国を滅亡させた遊牧民の一つとした。その後、サカ=塞が定説のようになったが、私は危惧の念を抱く。第一に、先に述べたことであるが、班固(三二〜九二)の先輩である司馬遷(前一四五〜前九〇頃)は、その編書『史記』の中で「塞」の存在に一言も触れていない。一般に古い歴史事実を後世の史料によって修正するのは、よほどの根拠がないかぎり警戒を要する。後世の知識で歴史事実が歪められている恐れがあるからである。第二に、『史記』大宛伝と『漢書』張騫伝に載せられる同じ張騫の発言の中に相違があり、しかもそれは歴史事実として二者択一的内容である。張騫が対匈奴戦において、かれの率いる部隊が延着し、味方に損害を与えた罪で庶人の身分に落とされていた時期、武帝はなおも張騫を呼び出し、しばしば大夏ならびに西域諸国の情報を問いただした。次の文章は、『漢書』張騫伝に載せられた張騫の返答である。前章で引用した『史記』大宛中の同じ張騫の返答と対照させながら読んでいただきたい。

私が匈奴の中にいたとき、次のように聞きました。「烏孫王は名を昆莫といい、昆莫の父、難兜靡《なんとび》はもともと大月氏とともに祁連山、敦煌の方面に居住し、小国でありました。大月氏が難兜靡を撃破し、その土地を奪いましたので、烏孫の民は匈奴中に亡命しました。子の昆莫は生まれたばかりで、傅父の布就翕侯が抱いて逃げました。昆莫を草叢に置き、食物を捜しに行って戻ってきますと、狼が来て昆莫に乳を飲ませ、烏が肉を銜え、そのそばを飛びかっていました。これは神人であると思い、ついに昆莫を連れて匈奴に帰服しました。匈奴単于は昆莫をかわいがり養育しました。昆莫が成人すると、その父の民衆を与えて部隊長としましたところ、しばしば軍功を立てました。当時、月氏はすでに匈奴に撃破され、西に向かい塞王を攻撃し、塞王は南走して遠方に移動し、代わって月氏がその地を占めていました。昆莫はすでに壮健となり、自ら匈奴単于に請うて父の恨みをはらそうとしました。そうしてついに西のかた大月氏を攻撃し、打ち破りました。大月氏は再び西走し、大夏の地に移住しました。昆莫はその民衆を掠奪し、そのままそこに居留し、兵力はしだいに強力となりました。[老上]単于が死ぬと、それを契機に匈奴の朝会(部族集会)に参加しなくなりました。匈奴は軍隊を派遣して攻撃しましたが、打ち破ることができず、ますます昆莫を神人として敬遠しました」と。しかるに今、匈奴の[伊稚斜]単于は新たに漢の攻勢に苦しみ、昆莫の地は無人地帯となっております。蛮族は故地を恋慕しており、また漢の財物に対して貪欲でありますので、もし今この時機をとらえて烏孫に莫大な贈り物を与え、東の故地に招いて居住させ、さらに漢が公主を昆莫の夫人として送り、兄弟の関係を結ぶならば、烏孫の勢力は漢の思いどおりとなりましょう。そうなればこれは匈奴の右臂を断ち切ったも同然であります。烏孫と連合してしまえば、それ以西の大夏などの諸国は、みなこれを招来して外臣とすることができましょう。

『漢書』張騫伝のことばは、『史記』大宛伝の張騫のことばにくらべ、分量が増大している。「塞」民族のエピソードが挿入されたためである。『漢書』と『史記』の相違は文章の増減ばかりでなく、内容にくいちがいがある。まず、烏孫王昆莫の父を攻撃して殺害したのは、匈奴ではなく、大月氏となっている。さらに烏孫を招来しようとする東方の地は匈奴渾邪王の故地ではなく、烏孫自身の故地であるとする。つまり烏孫は始め大月氏とともに祁連山、敦煌(甘粛西部)に居住していたという。以上は『史記』の伝える歴史事実を修正しようとするものであるが、はたしてどちらが「史実」であるか。

◈塞王伝説

以下は私の推測であるが、『漢書』の編者の班固はある事情から、むかし西域に「塞」種の国が存在し、それが分散、滅亡したことを書かなければならなかったらしい。ある事情の推定はむずかしいが、班固が西域から伝来しはじめたばかりの仏教について、漠然とした知識を入手したためと思われる。司馬遷の時代には、仏教はまだ中国に知られていなかった。仏教の開祖、シャキャムニ・ブッダはインドのシャキャ族の国の太子として生まれた。出家してブッダとなった後、シャキャ族の国は隣国との戦争に敗れ、分散、滅亡してしまった。班固はこのシャキャ族の新知識を大月氏の西方移動の歴史を借りて書き込んだ。

大月氏が匈奴に攻撃されて西方大夏へ逃れる途中、天山山中の「塞」種に遭遇させるのである。大月氏は「塞」を攻撃し、分散させて、その地を占拠する。大月氏が天山山中にとどまっては具合が悪いので、今度は烏孫の力を借りて大月氏を大夏へ駆逐する。それにはもっともらしい理由が必要なので、烏孫王昆莫の父が匈奴ではなく、大月氏に殺害されたことにする。そうすれば「父恨」をはらすという大義名分が立つ。烏孫の力だけでは不足なので、匈奴単于に力を借りることにする。こうして烏孫は首尾よく大月氏を打ち破り、イシック・クル湖、およびその東辺には烏孫が居住することになった。撃破された大月氏は遠く大夏の土地へ逃れ、大夏を征服する。

匈奴単于が死ぬと、烏孫は独立し、ますます強勢になったとし、『史記』の以下の文章に続ける。最後に述べられる烏孫のイシック・クル湖方面への移動、すなわち『史記』の「遠徙」に相当するところが、『漢書』では「塞」種の挿入文が入ったため、匈奴単于の死以前になってしまったが、『史記』によると、烏孫の遠徙は［老上］単于の死を契機に起こったことであり、死後のことである。

こうしてみると、もともと張騫は「塞」についてなにも知らなかったと思われる。「塞」についての知識は、張騫が伝えたものではないらしい。「塞」についての記載と、それによって生じた『史記』の内容との相違は、『漢書』の編者の班固が、新たに「塞」種の知識を得て、机上において『史記』の文章を改作したことによると思う。しかも、私は『漢書』の「塞」種が実在の民族ではなく、架空あるいは伝説上の存在であったと考える。もし「塞」の内容が正しい歴史事実であって、『漢書』の編者、班固がそれを補ったのであれば、『史記』と『漢書』の張騫のことばに、これほどの事実の相違が発生するのはおかしい。

『漢書』張騫伝の「塞」について、唐代の学者、顔師古が次のような注を付けている。

塞の音はソク Sok で、西域の国名である。すなわち仏教経典にいうシャキャ族（釈種）である。塞と釈は互いに音が近似し、もともと同一姓を指したものにすぎない。

西域の塞民族と仏教の釈迦（シャキャ）族とが同一のものであると述べる。歴史事実としては一考の値打ちもないが、「塞釈声相近」と考えているのが興味深い。サンスクリットのシャキャ Śākya は、ガンダーラ方言でサキャ Sakya、さらにイラン語風にサカ Saka となる。クシャン王朝カニシュカの貨幣に表現される守護神の中にシャキャムニ・ブッダ像があり、サカマノ・ボウド Sakamano Boudo とギリシア文字で付記されている。インド仏教のシャキャ族が初期にサカ（塞）として中国に伝えられた可能性は十分にある。同様に仏教用語の初期の漢訳では、仏陀 Buddha が浮屠 Boudo であったり、シュラマナ（沙門 Śramana）が桑門 Samane と書かれるのは、仏教の初期流伝がガンダーラ語やイラン系言語を通してなされたことを示している。

中国における仏教伝来のもっとも早い確実な記録は、今のところ『後漢書《ごかんじょ》』楚王英伝の記事とされている。永平八年（後六五）頃、楚王英が黄帝、老子と浮屠（ブッダ）を併せて礼拝したという記事である。しかしそれ以前に中国に仏教が伝来していた可能性も十分ある。しかしそれほど正確ではなく、『漢書』の編者、班固が西域の一王国の話に書き換えるほどのあいまいな伝承であった。塞王伝説の正体はインドのシャキャ族の伝承であり、したがって「塞王が県度（ギルギット）を越えて南に侵入し、罽賓（ガンダーラ）を征服した」というのも歴史事実ではない。それは塞王伝説の由来した経路、つまり仏教伝来の道を逆にたどったものであろう。『漢書』の「塞」の伝説を歴史事実とすると、東西の歴史資料の対比に混乱を招くことは、改めて次章で説明しよう。また大月氏の西方移動の年代や烏孫の原住地についても問題が生ずる。

桑原隲蔵は「張騫の遠征」（一九一六）の中で、大月氏の西方移動を二度に区切って、その時期を論証しようとした。まず、大月氏がイリ河流域に移動した時期を老上単于の攻撃によるとして、単于の在位年間（前一七四～前一六〇）とし、次いで烏孫に攻撃されて中央アジア（大夏）に移動するのは、往路に張騫が匈奴に拘留されている間のできごととした（前一三九～前一二九）。しかし、月氏は西方移動の途中で「塞」民族に遭遇することもなければ、したがって烏孫に攻撃されて、再び移動を開始することもなかった。月氏の西方移動は一度きりである。藤田豊八は烏孫の遠徒年代について、『史記』と『漢書』の間に相違があることを指摘し、いずれにせよ老上単于の死の前後ということで一致するので、烏孫の遠徒によって追われた大月氏の大夏移動は、老上単于の死、つまり前一六〇年頃となり、桑原隲蔵のように前一三九～前一二九年にはなりえないと反駁した（「月氏の故地とその西移年代」原著一九一六、『東西交渉史の研究』西域篇に所収）。確かに藤田豊八の方が一歩進んだ解釈である。しかし結果として『史記』と『漢書』の内容を折衷したことになり、結論としては不十分である。『史記』と『漢書』の相違がどうして生じたのかを明らかにするに至っていないからである。

また烏孫がイシック・クル湖方面に移住する前の原住地についても論争が生じた。『漢書』張騫伝には、昆莫の父の烏孫国は「もともと大月氏とともに祁連山、敦煌間に居住した小国であった（本与大月氏倶在祁連敦煌間小国也）」とあり、『史記』大宛伝には「匈奴の西辺の小国であった（匈奴西辺小国也）」とだけ記す。『漢書』の記載を採る研究者は、烏孫がかつて甘粛省西部に居住し、大月氏を駆逐した後、イシック・クル湖方面に移住したと理解する。しかし、これについても松田寿男らは烏孫の甘粛省西部の居住をはなはだ疑わしいと考える(松田寿男「烏孫の原住地」『古代天山の歴史地理学的研究』一九五六)。以上は『史記』と『漢書』それぞれの中で、張騫の話す内容が異なることから生じた問題であり、『漢書』の内容が後世の、いわば「塞王伝説」によって、『史記』の内容を改作したものであることに気づかなければ、いつまでも解決できないものである。

「塞」を架空の民族として歴史上から抹殺してみると、大月氏の西方移動の歴史は理解しやすくなる。しかし歴史資料の乏しいことには変わりなく、大月氏の原住地がどこにあり、そこからいつ、どのような経路でアム・ダリア流域に移動し、どこに大月氏の王庭を定めたかはむずかしい問題として残る。今のところ手がかりとなるのは、先にも引用したとおり、『史記』大宛伝に載せる張騫の復命報告のみである。

もともと月氏は敦煌、祁連山の地帯に居住していましたが、匈奴に撃破されるに至り、遠方に移動しました。かれらは大宛(フェルガーナ)を通過し、西方の大夏(バクトリア)を攻撃し、征服しました。その後、嬀水(オクサス河)の北に本拠を定め、王庭としました(始月氏居敦煌、祁連間、及匈奴所破、乃遠去、過宛、西撃大夏而臣之、遂都嬀水北、為王庭)。

◈月氏の原住地

月氏の原住地が敦煌・祁連山(甘粛西部)であったことは、すでに説明した。月氏の西遷後、数十年間そこは匈奴の支配地域となった。しかし次には漢が匈奴に猛烈な攻勢をかけた。そのため匈奴の西部勢力を代表した渾邪王は部族を率いて漢に投降し(前一二一)、金城(蘭州)、河西、ならびに南山から塩沢(ロプ・ノール)に至るまで、すっかり無人地帯となり、匈奴はいなくなったという。この渾邪王の故地がかつての月氏の原住地でもあったとすれば、新疆ウイグル自治区にまで及ぶ。これらの地域が争奪の的になるのは、シルク・ロード貿易の要衝であったからにほかならない。

月氏が匈奴から幾度かにわたって攻撃を受け、最終的に西遷を開始したのは、匈奴の老上単于(在位前一七四~前一六〇)が月氏王を殺害して、その頭骨を酒杯につくったときであると考えられ、前一六〇年の少し前頃であろう。月氏の前進を阻む「塞」は存在しなかった。

月氏が西方に移動した経路は、大宛(フェルガーナ)を通過したとしか述べられず、その途中のことは不明である。張騫の一行は月氏西遷の跡を追って進んだ可能性があるが、途中匈奴に拘束されているので、その足どりはよくわからない。李広利が弐師将軍として大宛に二度の遠征をした(前一〇四~前一〇二)が、そのときは塩沢を渡り、西域北道を進み輪台を経て、カシュガルからテレク峠を越えてフェルガーナ盆地に入った。途中、温宿(アクス)からベダル峠を越えて天山山中に入り、ナリン河に沿ってフェルガーナに入る道があり、それも使用した可能性がある。もし月氏が遊牧の民よりも、商業の民としての性格が濃いならば、西域北道から大宛へ、そして康居との境界を通過してアム河流域へと移動したと見てよい。遊牧民族としての移動ならば、イリ河流域からナリン河流域に入り、大宛（フェルガーナ）に至ると思うが、途中、烏孫や康居の遊牧民との交錯、大宛の定住民との衝突を免れないような気がする。月氏民族とその移動をどのように考えるか、むずかしい問題として残る。

◈大月氏の王庭

桑原隲蔵は西遷する月氏がフェルガーナ（大宛）からただちにソグディアナ地方に侵入し、その王庭（監氏城）をサマルカンドに置いたと主張した（「張騫の遠征」『全集』第三巻、三二〇頁）。それに対し、藤田豊八は月氏が大宛からソグディアナに向かわずに、パミールを越えてオクサス河の上流に移動した。つまりワフシュ河とパンジ河の間、フッタル地方に本拠（王庭）を置いて、大夏を服属させたと主張した（「大宛の貴山城と月氏の王庭」原著一九一六、『東西交渉史の研究』西域篇、三四頁）。サマルカンドは確かに肥沃で豊かな土地に違いないが、その位置が「嬀水北（オクサス河の北）」というには相応しない。逆にフッタル地方では、大夏全体を服属させるには、やや辺鄙にすぎる。白鳥庫吉は月氏の住地を鉄門以南と考えた。それぞれみな熟慮の末の提案である。最近では、ウズベキスタンの女性考古学者、プガチェンコワはスルハン・ダリア流域に位置する都市遺跡の一つ、ダルヴェルジン・テペを発掘調査し、それが月氏の王庭であり、同時に月氏の五翕侯の一つのクシャン（貴霜）部族の居城でもあったと主張する。スルハン・ダリアは北からアム・ダリアに注ぐ大きな支流であり、合流点付近には重要な都市テルメズがある。地理的にはふさわしいところであるが、考古学的な裏づけがまだ十分とはいえない。しかし私たちもそろそろ文献資料のみでなく、最近発見の考古学資料や現地調査に注目する時機に来たように思う。

第三章

バクトリア王国と大月氏

——アイ・ハヌム遺跡

中央アジア史において、なぜ大月氏の研究が必要なのか。中央アジアに移動してきた大月氏は、少なくとも次の二点で重大なカギを握っている。第一点はアム河流域に存在したバクトリア王国滅亡との関係、第二点は大月氏とクシャン王朝勃興との関係である。

◈バクトリア王国

大月氏が西遷したアム河流域（大夏、バクトリア）には、かつてバクトリア王国が存在した。バクトリア王国とはアレキサンダー東征以後、ヘレニズム世界のもっとも東方に成立したギリシア人植民経営の拠点であった。首都バクトラの名は現在のアフガニスタン北部の町、バルフに残されている。バクトリア王国は「千の都市を領有していた」という。バクトリアの名は古くは、アケメネス朝ペルシア帝国の二三のサトラピー（属州）の一つに数えられ、同じ東方の諸州のソグディアナ、ガンダーラとともに毎年一定額の税を納めていた。その後、アレキサンダー大王はアケメネス王朝の王都ペルセポリスを陥落させ、さらに東方遠征を続け、バクトリアを経由してインダス流域にまで到達し（前三二七）、短命であったが諸民族を融合した世界帝国を建設した。大王の死後、この帝国はかれの部将に分割統治され、バクトリアはシリアに本拠を据えたセレウコスの領土の一部となった。セレウコス朝（前三一二〜前六三）の支配が弱体化すると、まずインド最初の古代統一国家のマウリヤ王朝が強大となってセレウコス朝東方領土を侵略し、前二五〇年

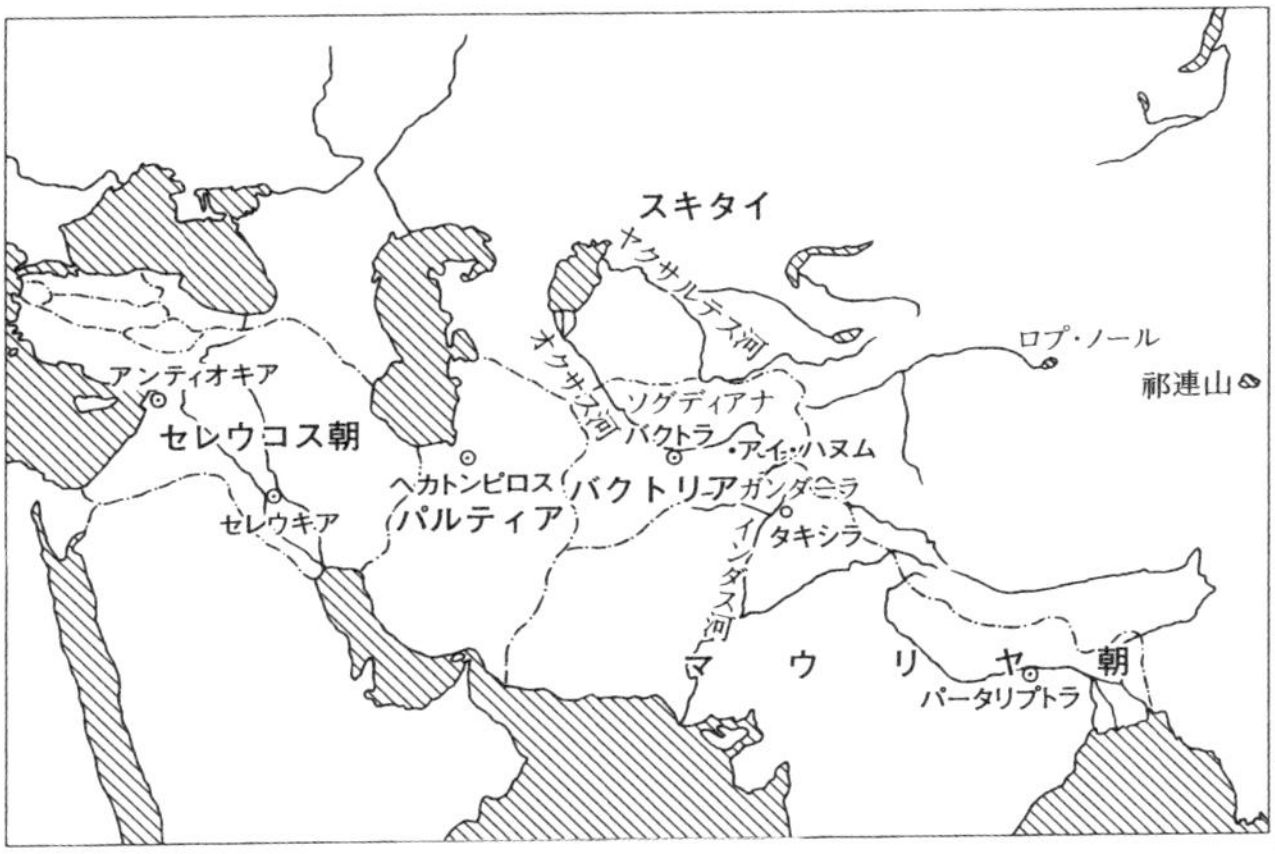

3…前三世紀頃のバクトリア王国と周辺諸国

頃になると、現在のイランにはアルサケス(安息)朝パルティアが独立し、アフガニスタン北部にはバクトリア大守のギリシア人ディオドトスが独立王国を創始した。西方史料ではバクトリア王国はその後約一世紀の間繁栄を続け、前二世紀の中頃に北方から侵入したスキタイ(サカ)遊牧民族によって滅亡させられたという。それが漢文史料の大月氏の西遷と大夏の征服に対応するというのが本書の著者の主張である。もし音の類似から「塞」をそれにあてると、月氏の西遷が宙に浮き、東西の史料の対応上に混乱をきたすので、とりあえず、前章において「塞」民族について、検討を加えたのである。なお、バクトリア王国の滅亡については、後ほどもう一度詳しく触れることにする。

◈アフガニスタンの考古学調査

これまでに多くの研究者がアフガニスタンの地においてバクトリア・ギリシア人都市を探しあてようと努力したが、なかなか見つからなかった。バクトリア王国については、若干の文献史料のほかに、アフガニスタン各地から発見されるギリシア・バクトリア貨幣が存在した。その多くはテトラ・ドラフム銀貨(約一六・五グラム)で、表面に王の頭部ないし胸像、裏面には神像を打刻し、ギリシア文字で王名を付す。貨幣の重量単位ばかりでなく、図像にも真正ギリシア風意匠があった。これらの貨幣はバクトリア諸王の系図を復元し、忘れられた王国の歴史を解明する重要な手がかりとなった。一八八六年に出版された大英博物館のカタログ、P・ガードナー著『バクトリアのギリシアおよびスキタイ諸王貨幣』は、その研究の集大成であった。しかしこの美しい貨幣に見あう建築や彫刻がどこにも見つからなかった。

この未知のギリシア系バクトリア美術に、あの驚くほどのギリシア・ローマ的表現様式を持つガンダーラ仏教美術の源流を考える人が多く、その遺跡発見に大きな期待が寄せられた。ガンダーラ仏教美術の研究者として有名であったフランスのA・フーシェもその一人であった。かれはアフガニスタンにおけるフランス考古学調査隊（DAFA）を組織し、一九二三、二四年の両年にバルフで数ヵ月滞在し、周辺の遺跡を念入りに調査した。現在のバルフの町の北郊には都市のアクロポリスを思わせる小高い丘（バーラ・ヒサール）があり、町の周囲にも古い土城が残存する。フーシェは発掘を試みたが、ギリシア時代の遺構らしいものはなに一つ発見できなかった。かれは廃墟の中にたたずんで、バクトリア王国の宮殿はなお地下深くに埋もれているのか、あるいは建築材料が日干レンガや木材であってすでに朽ちはてたか、それともこのような遠隔の地に壮麗なペルシアやギリシアの遺構を期待することが幻想だったのか、と述懐している。フランス政府はこの調査に先立ち、アフガニスタン政府との外交交渉で、ライヴァルのイギリス人を押さえて、向こう三〇年間のアフガニスタンにおける考古学発掘調査の独占権を獲得した。この協定の是非はともかくとして、フランス人研究者たちが未知のアフガニスタンにかけた意気込みがいかに大きかったかを物語る。

◈ベグラムの遺宝

一方、ガンダーラ仏教美術の西方的要素の源流については、さまざまな議論が展開された。A・フーシェがバクトリア・ギリシア美術とインド仏教思想との出会いを想定するのに対し、タキシラ（現パキスタン・イスラマーバード西方にあった古代都市）の都市址と寺院址を二〇年あまり発掘調査したイギリスのJ・マーシャルはヘレニズム文化の愛好家のパルティア人の影響を重視した。同じイギリスのV・スミスはガンダーラ美術の様式や年代から考えて、それはヘレニズム美術ではなく、ローマ美術の影響であり、ガンダーラ美術はギリシア式仏教美術ではなく、ローマ式仏教美術と呼ぶのが適切だと主張した。ヘレニズム美術であれ、ローマ美術であれ、同じギリシア古典美術に由来するものであるから、ガンダーラ彫刻の様式や主題が西方的だからといって、どちらがモデルなのか断定するのはむずかしい。もちろん双方とも比較の資料が不足していることにもよる。

しかしその間にもアフガニスタンにおけるフランス調査隊の発掘調査が進み、ヒンドゥクシュ山脈の南麓、ベグラム遺跡から重要な遺宝が発見された（一九三七）。ベグラムはカーブル北方のチャリカル盆地に位置する都市遺跡である。玄奘『大唐西域記』の加畢試（カピシ）国の都城である。ちょうどヒンドゥクシュ越えの難所にさしかかる場所であり、そこでヒンドゥクシュ山脈を北に越えると、バクトリアの平野は目前に迫り、道は中央アジア、そして中国へ続く。J・アッカンがベグラムの宮殿址を発掘中、なにかの理由で泥壁で密閉されたまま残った倉庫二部屋にぶつかった。クシャン時代の遺宝はその中にあった。ローマのガラス細工、ブロンズ製品、石膏模型、インドの象牙細工、中国後漢時代の漆器などが豊富に集められていた。通商路の要衝を押さえたベグラムの支配者が、関税として東西の奢侈品の一部を受け取っていたものであろうか。アフガニスタンを縦断してローマ、インド、中国を結ぶシルク・ロードの繁栄ぶりを窺わせる大発見であった。

このようなローマ帝国の東方貿易はインドの考古学調査からも実証された。イギリスのM・ウィーラーはインド南部の当時の貿易港アリカメドゥーを発掘し、アレッティウム式赤色陶器やブドウ酒を運んだアンフォラなどを多量に発見した(一九四五)。ローマ帝国領の商品はアレキサンドリア港から紅海を通り、アラビア半島の南端をめぐって、そこからヒッパロスと呼ばれる季節風を利用し、一気にインド洋を横断してインド諸港に運ばれる。そこでインドの産物と交易されるほか、一部はクシャン人によってヒンドゥクシュ山脈を越え、中央アジア、中国へと運ばれる。中国の絹や漆器は逆のコースで運ばれてきた。ローマの東方貿易がこのように具体的に明らかにされてくると、ガンダーラ美術に対するローマ美術影響説がしだいに有力になる。アメリカのB・ローランドはローマの彫刻家がガンダーラに招かれたとさえ推定する。

◈スルフ・コタル神殿

フランス調査隊はアフガニスタンでさまざまな遺跡に遭遇しながら、なおもバクトリア・ギリシア美術の跡を求めつづけた。一九四五年以来フランス調査隊を率いたD・シュルンベルジェはバルフの廃墟に再三の発掘を試みたが、その手がかりはなかった。しかしシュルンベルジェはけっしてバクトリアのギリシア美術の存在を疑わなかった。それは幻想でなく、まだ発見されないだけのことだという。ローマ美術の影響論の強い中で、平然とガンダーラ美術の源流は、バクトリア・ギリシア美術に遡るべきだと主張した。それには一つの根拠があった。シュルンベルジェが一九五二年以来調査してきたスルフ・コタルの遺跡の発掘成果であった。ヒンドゥクシュ山脈の北側、バグラーン平野を見下ろすスルフ・コタルの小丘にクシャン王朝の神殿が築かれていた。大きな礎石と拝火壇をそなえた神殿内陣、カニシュカ王をはじめとするクシャン王侯の彫像(石灰岩製)、階段とテラスとからなる参道、井戸、ギリシア文字バクトリア語で記されたカニシュカ碑文などが発見された。バクトリア語はそれまでクシャン貨幣、印章からわずかに知られているだけであったが、スルフ・コタルのカニシュカ碑文はその本格的文章の最初の発見例であった。神殿の丘はちょうどギリシア都市のアクロポリスのようであるが、遺跡自体はバクトリア・ギリシア時代に遡らない。ただ、建築の細部にはコリント式壁柱やモールディング(繰形)を施した石灰岩製柱礎、ガーランド装飾帯など、ヘレニズム意匠が多く用いられている。しかし神殿プランなどはペルシア的要素が強く、シュルンベルジェはそれをヘレニズム美術のイラン化した形式とみなす。そしてさらに議論を進め、そのようなイラン化したバクトリア美術がガンダーラ仏教美術の源流となったと主張する。

この最後の主張は様式論的に見て多少無理がある。ヒンドゥクシュ山脈の北側の彫刻は白色石灰岩で特色づけられるが、みなどこか粗放で、生硬さを免れず、ガンダーラ美術初期の緑泥片岩彫刻に見られる、あの流麗さ、自然らしさの表現に発展する力はない。しかしシュルンベルジェが予想していたアフガニスタンのギリシア人都市は、予期しないところから現実となって現われた。それが次に紹介するアイ・ハヌム遺跡である。

◈アイ・ハヌム遺跡

一九五二年にフランスの発掘独占権が解かれ、イギリス、イタリア、アメリカ、ドイツ、日本の調査隊が相次いでアフガニスタンに入り、考古学調査、発掘を始めた。しかし、アイ・ハヌム遺跡はすべての調査の網の目から漏れていた。それは遺跡がアフガニスタンと旧ソヴィエト連邦(現タジキスタン)との国境上、外国人調査隊の立入禁止区域に位置したからである。

一九六一年、当時のアフガニスタン国王のザヒル・シャーがその国境地帯で狩猟を楽しんだとき、アイ・ハヌム村の農家庭先で石灰岩製の彫刻を見つけた。一つはひどく破損しているが、アカンサス葉形で装飾されたコリント式柱頭、もう一つは円柱形基壇であった。国王はそれを珍しく思い、カーブルに帰って、フランス考古学調査隊のシュルンベルジェに話した。先の二個の石彫はクンドゥズのナスル氏図書館に運ばれており、フランス調査隊の常駐員であったM・ルベールが出向いて石彫を調査し、撮影した。ルベールはこの発見の重大さに驚き、アフガニスタンの文部大臣A・A・ポパルに報告するとともに、あのような大きなコリント式柱頭を出土する遺跡は重要であるから、ぜひ実地調査させてほしいと申し入れた。アイ・ハヌム遺跡はクンドゥズの東北約五五キロメートル、国防上重要な国境地帯にあり、調査の許可は容易には下りなかった。しかしフランス隊の熱意が実り、一九六三年一一月になってようやく日帰り調査の許可が下りた。さっそく隊長のシュルンベルジェとルベールが遺跡に赴いた。遺跡にたどりつくのに手間取り、遺跡での滞在は二時間足らず、それでも大きな遺跡が存在することだけは、その目で確かめた。

翌一九六四年一一月、今度は一〇日間遺跡に滞在する許可を得た。シュルンベルジェ以下七人の隊員が揃い、若干の試掘も行なった。やはりアイ・ハヌムはギリシア人都市の特色をはっきりそなえていた。しかも建物の大部分が土に埋もれたままであるらしい。遺跡は本流のアム・ダリアと支流コクチャ河の合流地点、二河に挟まれた三角形の台地上にあった（挿図4）。二辺が河に面し、南には険しく切り立った岩山がある。天然の要害にめぐまれた地形で、東北方のみが平野に向かって開く。遺跡の周囲には耕地が広がり、現在のアイ・ハヌム村は岩山の東南麓にある。アイ・ハヌムとはウズベク語で「月姫」の意味で、一七世紀中にこの地方を支配したウズベク族（西トルキスタンのトルコ系遊牧民）の王妃の名前に由来する。アム・ダリアの真ん中が旧ソ連（現タジキスタン）とアフガニスタンの国境である。対岸はちょうど丘陵が迫り、河に臨んだ断崖になっている。

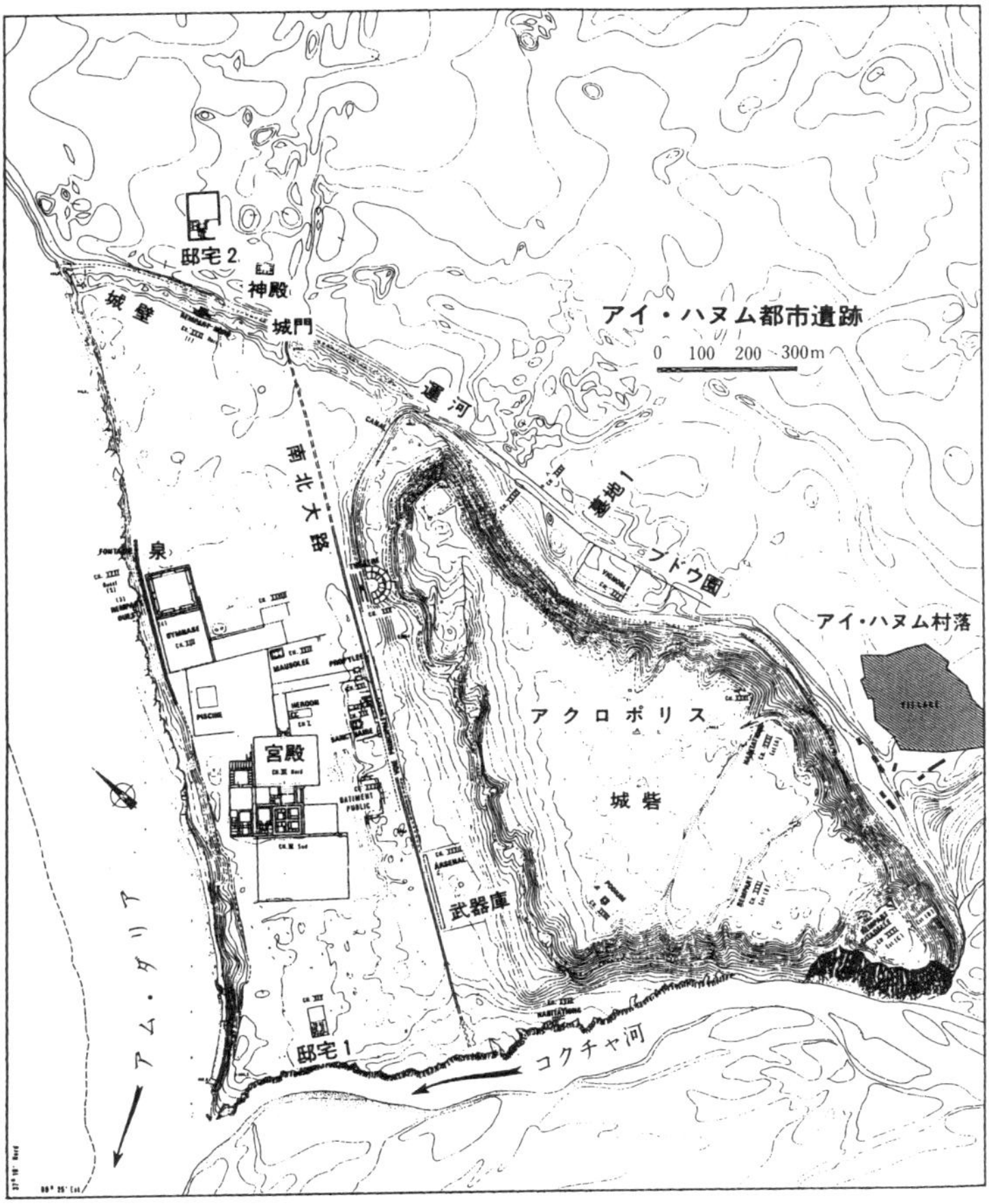

4…アイ・ハヌム遺跡平面図（*Fouilles d'Ai Khanoum* IV, 1985による）

遺跡の西半分はアム・ダリアに沿った、砂利と黄土でおおわれた幅約五〇〇メートルの細長い平坦区域である。河の水面より一五メートルほど高い。東側には黄土でおおわれた岩山があり、西側の平坦区域より約四〇～六〇メートル高い。平坦区域が市街地、岩山がアクロポリスにあたる。岩山は東南に向かって高く、途中に二重の土壁があり、堅固な城砦となっている。市街地とアクロポリスの境界に沿って大路が真直ぐ北門からコクチャ河岸にまでのびる。道幅約二五メートル、全長約一・六キロメートル。アクロポリスへは馬車の上下できる道が付く。都市の防御は自然の要害のほか、岩山の北端からアム・ダリアの河岸までの平地には城壁が築かれ、その外には濠がめぐる。城壁はアム・ダリアとコクチャ河岸に沿っても築かれていた形跡があり、岩山の周囲にも土壁がめぐっていた。城門は中央街路に面するもののほか、岩山寄りにもう一つの小門があった。

❖遺跡の発掘

アイ・ハヌム遺跡の発掘は一九六五年からフランス調査隊によって正式に始まった。残念ながらシュルンベルジェはスルフ・コタルの発掘を完了して引退することになり、一九六五年からベイルートのフランス考古学研究所から赴任したP・ベルナールがその仕事を引き継ぐことになった。アイ・ハヌムの発掘は毎年順調に続けられ、一九六八年には春、秋の二シーズンの調査を行ない、同年五月一六日にはフランス首相のポンピドーが遺跡を見学に訪れている。その後、一九七八年までに調査回数は合計一五回を数え、遺跡の全貌はほぼ明らかになった。ところが、一九七九年一二月、当時のカルマル政権の支援のために、突如ソ連の約一〇万人の軍隊がアフガニスタンに進駐し、アイ・ハヌム遺跡をはじめとするアフガニスタン国内の一切の考古学調査は中断せざるをえなくなった。ソ連軍の撤退はその一〇年後、一九八八年五月から翌年二月にかけて完了したが、アフガニスタンの内戦状態は今日に及んでおり、調査中断の状況は依然として変わらない。アイ・ハヌム遺跡の発掘成果はフランスのアカデミー紀要 *Comptes rendus de l'Académie des Inscriptions et Belles-Lettres* に年次報告として、また正式報告としては分冊形式で、現在一〜八巻まで出版されている。それらに基づき、主要な成果を述べてみよう(以下、挿図5を参照されたい)。

◈宮殿施設

平坦区域の中央南寄りに、北から大きな列柱広場ポルティコ(一三六×一〇八メートル)があり、それに隣接して建造物群の方形区画と東南の庭(五二×五二メートル)、南側にさらに大きな広場(一九七×一三七メートル)がある。ポルティコと建造物群の西側には細長い通路を隔て、南北に連なる方形三区画の別棟が付属する。発掘者は以上の施設をアイ・ハヌム都市の宮殿、つまり官公庁と支配者の居住建物および倉庫などの行政の中心部と考えた。まず北の列柱広場はトラック競技場に匹敵する広さを持ち、周囲の壁は日干レンガ積みである。周壁に沿って一一六本のコリント様式の円柱が並び、列柱回廊をつくる。回廊の壁にはそれに対応し、一定の間隔の壁柱列と壁画や浮彫の装飾が施されていた。中央の広場はアゴラ(市場)の役割を果たしたのであろう。広場の南中央から六本三列の「列柱の間」を通り、「謁見の間」に入る。「列柱の間」の西隣の方形部屋の床下から、六枚のインド・グリーク貨幣(アガトクレス王、前一八〇～前一六五)と六七六枚のインド刻印貨幣が壺に入って発見されている。たぶんここを訪れたインド商人の持ち物であったのだろう。「謁見の間」を出て、すぐ南に続く建造物は支配者の私邸であろう。私邸に向かわず、細い通路によって西の別棟へと進むと、まず中央の列柱の広場(四五・八×四五・八メートル)に入る。先の宮殿広場ポルティコの約六分の一の大きさである。ドーリア式列柱六〇本が並んで回廊をつくる。広場の北に連接する区画は細長い部屋が中庭を囲んで並び、宮殿の倉庫、あるいは宝物庫であったと思われる。都市壊滅のさいの掠奪で、ほとんど貴重品は残されていない。ある室内には大甕が置かれ、穀物、酒、オリーヴ油などが貯蔵されていたらしい。甕の表面にその内容がギリシア語で墨書されており、その断片が見つかっている。国庫の現金一万ドラフムが貯蔵されていたことも知りうる。南壁に接した左右の部屋には準宝石の原石が未加工の状態で貯蔵されていた。トルコ石、ザクロ石、水晶、メノウのほか、とりわけラピス・ラズリの量が多く、一籠七五キログラムと思える原石の堆積がそのまま残されていた。ラピス・ラズリの鉱山はコクチャ河を遡ったバダフシャンの山中にあり、古代世界では唯一のラピス・ラズリ鉱山であった。アイ・ハヌム都市の立地条件として、ラピス・ラズリの採掘、供給の独占権を見過ごすことはできない。

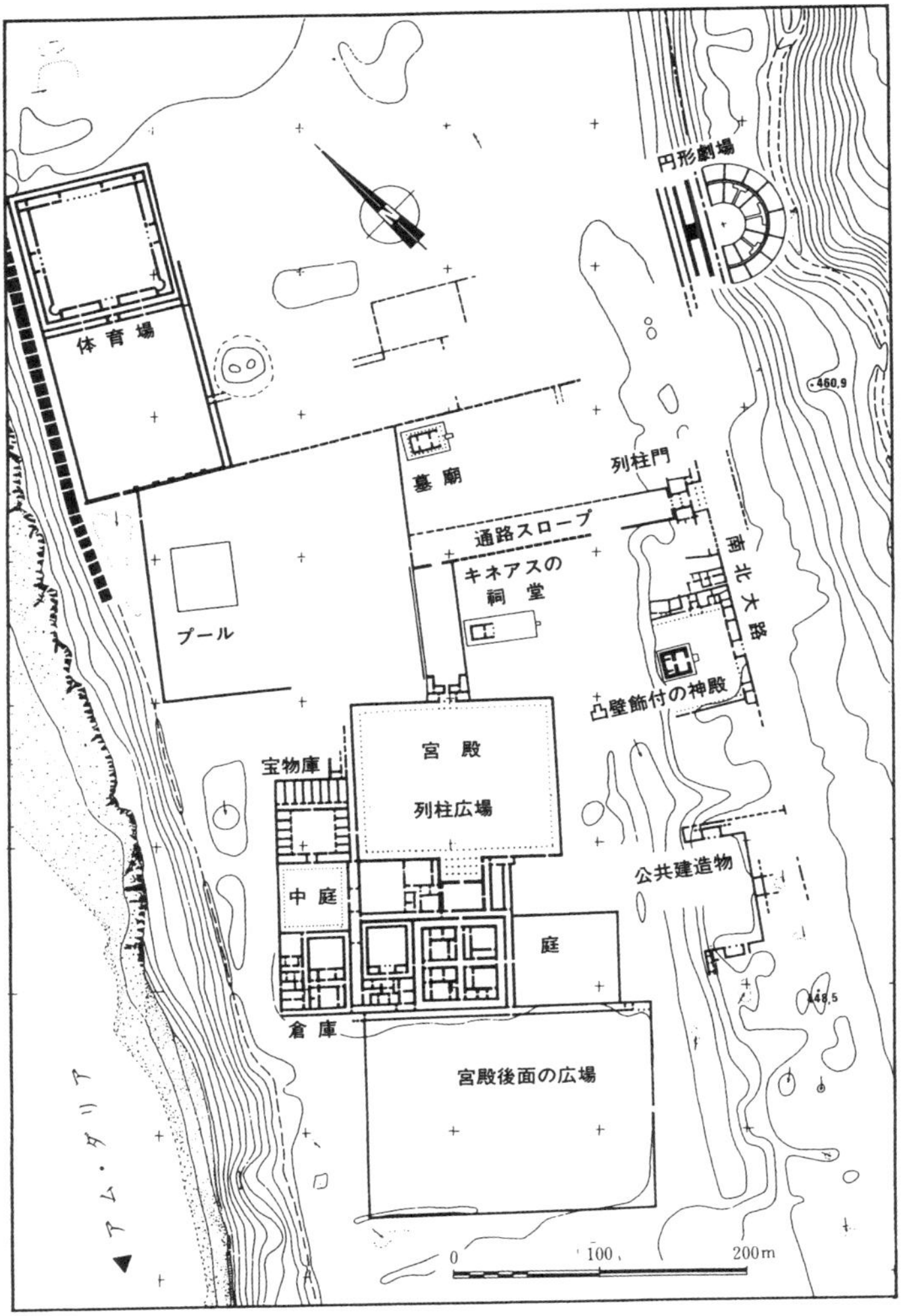

5…アイ・ハヌム宮殿址とその周辺(*Fouilles d'Aï Khanoum* II, 1983 による)

◈列柱門（プロピュライア）

都市の中央を南北に貫通する大路から宮殿に通ずる正門と通路が見つかった。それは大路の中ほどから西側へ入るものであった。入口は二度の改修をへているが、最終的には大路に面して四本二列のコリント式列柱玄関と、その奥に二本二列の列柱の間を設けた壮大な門である。門を通過後、河岸に向かって傾斜する幅広い通路を約二〇〇メートル進むと、通路は南に折れ約八〇メートルほどで宮殿広場の列柱玄関に至る。なおこの通路と大路で囲まれた区域に西寄りにアイ・ハヌム都市の創建者「キネアスの祠堂」、大路寄りに「凸壁飾付の神殿」とその境内が存在する。

◈キネアスの祠堂

これは小さな神殿形式の建物（一〇×一七メートル）で、前面開放の前室と内陣からなり、階段状の高い基壇に乗っていた。内陣の中央床下二メートルのところから石棺が見つかった。墓主である。それより一段高い床下にも石棺、レンガ棺が三個見つかったが、みな追葬であろう。いずれも盗掘され、副葬品は残っていなかった。建物の基壇、壁は日干レンガ積みであるが、前室入口に礎石二個が据えられ、その近くから碑文を乗せる石灰岩製台座（六五・五×二八・〇×四六・五センチメートル）が見つかった。ギリシア語碑文の本体は失われてしまったが、碑文の最後の部分が台座正面にはみ出て、左右に刻文されている。向かって左の四行は跋文である。ルイ・ロベール Louis Robert の解読によると、跋文の内容は次のようである。

古人の賢明なることばは、聖人の金言として
神聖なるピュトー（デルフォイ神殿）に奉納され、
そこにおいてクレアルコスが念入りに書写し、
はるかに輝くキネアスの祠堂に起草する。

碑文内容は跋文に記されるように、クレアルコスなる人物がデルフォイの町で書写した格言であり、それをはるばるキネアスの祠堂に碑文として建立したという。デルフォイの格言とは、人が生涯のそれぞれの段階において習得せねばならない素養を教訓的に述べたものである。現在では文献上とミレトスの刻文で内容を知ることができる。アイ・ハヌムのばあいは、そのはみ出した格言の一部が台座左側に刻まれた。内容は次のようである。

幼きときは躾よくあれ、若者たらば自制あれ、人生の半ばでは公正たれ、
老年たらばよき助言者たれ、死に臨んで悔いることなかれ。

この碑文の解読者ルイ・ロベールはキネアスという人物がアイ・ハヌムのギリシア人都市の創

設者であったゆえに、城内の祠堂に祀られたと考えた。キネアスという名前はアレキサンダー大王遠征の軍隊中には見いだせない。初めて歴史上に登場する。ギリシアの人名学からすると、テッサリア地方の出身者であり、セレウコス一世の士官として、バクトリアに勤務した人物である可能性が強いという。一方クレアルコスはソロイの出身で、アリストテレス派逍遥学者の一人として知られる人物であろうと考える。クレアルコスは旅の途中、デルフォイで格言を写し取り、それを携えてアイ・ハヌムにやってきた。しかしかれの最終目的地がオクサス河畔のギリシア人都市であったとは思われない。おそらく、インドへ向かって「哲学の旅」をする途中ではなかったかと想像する。さらに想像をたくましくすれば、前三〇〇年頃、セレウコス一世の大使としてマウリヤ朝パータリプトラ宮殿に赴いたメガステネスの随行者の一人でなかったかという。古代ギリシア人のたくましさと広い活動世界が見えるような気がする。

◈凸壁飾付の神殿

キネアス祠堂の東南、同じく都市の中心区域に「凸壁飾付の神殿」が見つかった。日干レンガ基壇(一九×一九メートル)の上に、前室と内陣からなる祠堂がつくられ、奥壁に接して神像が安置されていた。神像は手足、頭部のみが石彫で、他の部分は木材か粘土であったので、現在は断片でしか確認できなかった。等身の二、三倍大のゼウス神像であったと推定される。

◈体育場と劇場

古代ギリシア都市を象徴するものに体育場(ギムナシオン)と円形劇場とがある。アイ・ハヌム遺跡においてもそれらは存在した。体育場は市街区の北寄り、アム・ダリア河岸に近いところに位置し、南北の二区画からなる。北側は一辺約一〇〇メートルの土壁で囲まれた方形区画で、四壁に沿った細長い部屋と中央に広い内庭(七三×七三メートル)とで構成される。四周の中央にはそれぞれ「列柱の間」が庭に面して開いている。発掘者は談話室とみなす。古代ギリシアの世界において青年たちはこのギムナシオンで体育と学問の両面の訓練を受けた。北壁の「列柱の間」がいちばん大きくつくられており、そこからギリシア語碑文とヘルメス神の上半身像(ヘルメス柱)が出土した。碑文は「ストラトンの息子のトリバロスとストラトンがヘルメス神とヘラクレス神とに奉献する」という内容であった。冠帯を着けた有鬚老人のヘルメス頭部とマントをはおった上半身は、バクトリア地方で初めて発見されたヘレニズム彫刻であった。この彫刻が出土して間もない一九六七年頃、筆者はカーブル博物館でヘルメス頭部を手に取って見せていただいた。大理石ではなくて白色石灰岩製で、磨滅もあったせいか、作品にさほどの力強さは感じられなかった。かつて、A・フーシェはバクトリア美術からガンダーラ仏教美術への発展を予想したが、その可能性はやはり薄いように感じた(挿図6)。

なお、体育場には南にも方形区画があり、北壁に接して部屋があるのみ。その南にも大きな囲いが広がり、その中にプールの施設が見つかった。大きさは四一×四一メートル、深さ二メートル、これも体育場の付属であろうか。体育場とアム・ダリア河岸の間には日干レンガの強固な城壁が続いている。体育場の西北角からあまり隔たらないところ、城壁の外壁に接して切石積みの排水溝施設が見つかった。水の落とし口にライオン、ドルフィン、シレノスなどの顔が表現されているのがおもしろい。

劇場は大路を隔てた東側、アクロポリスの岩山を背にしてつくられていた。直径八四・五メートルの半円形プランのもので、観客席は階段式三五列、下列と上列の高低差は一七メートル。座席の高さ四四センチメートル、奥行六六・五センチメートル、計算上では最大収容数六〇〇〇人となるという。アイ・ハヌムの都市規模からすれば、大きすぎるように思う。

◈武器庫

都市の中心より南方、大路の東側に沿って、細長い建物（一四〇×六・二メートル）が発掘された。掠奪と火災を受け、遺物は少なかったが、鉄鏃、銅鏃や楯の金具、札鎧の断片が見つかり、武器庫と判定された。入口は北端に一ヵ所のみ、中央に細い通路、両側には棚（二段）をつくり、途中仕切りを二ヵ所設けて武器類を保管していたらしい。

◈その他の施設

以上の公共施設のほか、大きな邸宅が城内の南端と城外の北側とに一ヵ所づつ発掘されている。しかし発掘が遺跡全面に及んでおらず、個人の住居を十分に明らかにするに至っていない。城外には私邸のほか、神殿、共同墓地、ブドウ園、耕作地の跡が見つかっており、アイ・ハヌム

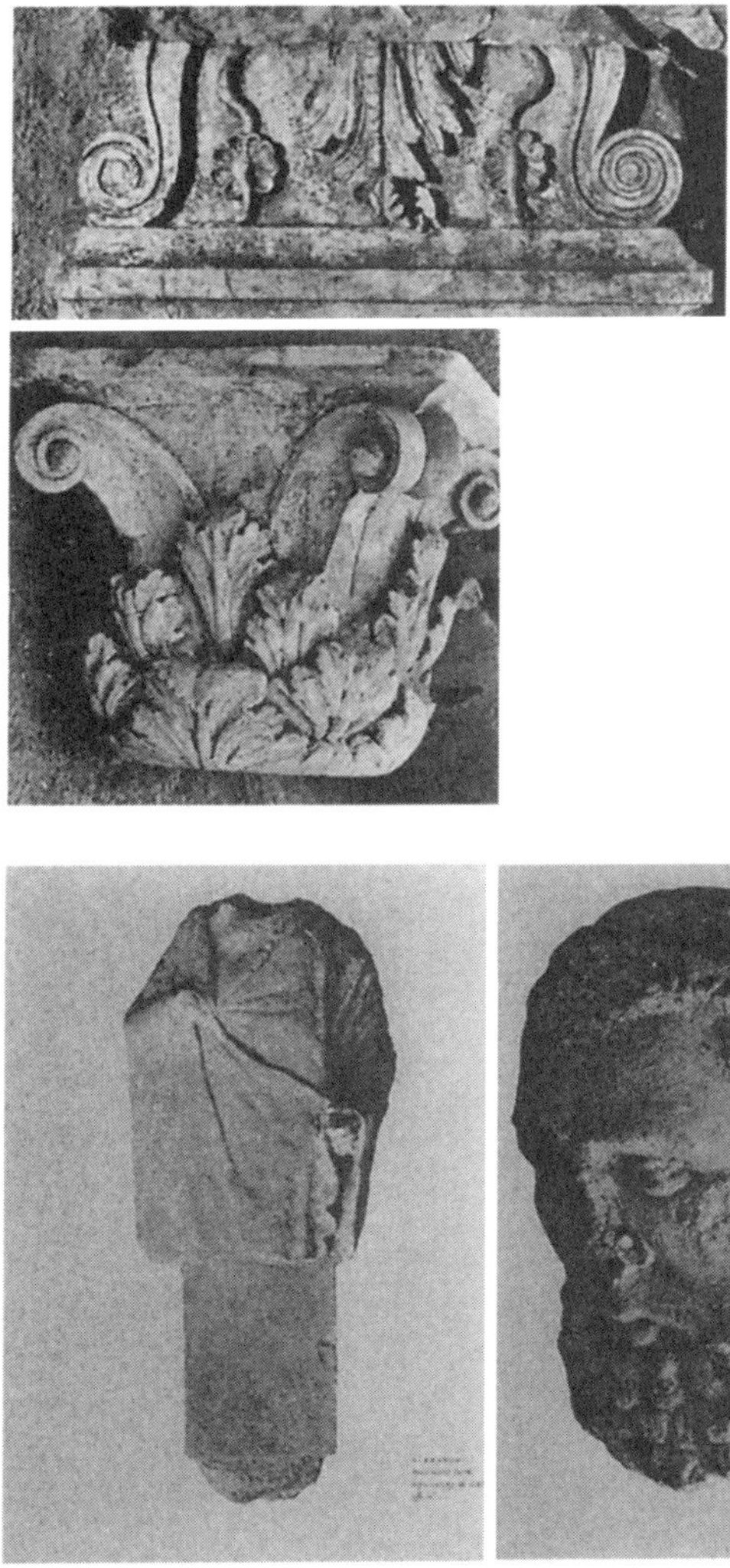

6…アイ・ハヌム出土コリント式柱頭およびヘルメス柱(石灰岩)

の人びとの生活の場が郊外に広がっていたことがわかる。

◈アイ・ハヌム都市の滅亡

すでに述べたように、アイ・ハヌムのギリシア人都市は前三〇〇年より少し以前に建設されていた。そして創建者が都市の中心に祀られたキネアスという人物であることも出土碑文から推定された。では、アイ・ハヌムのギリシア人都市がいつ、どのようにして滅亡したか。アイ・ハヌムの発掘者たちもこの点に細心の注意を払って調査を進めた。しかし、今のところそれに対する解答は容易ではないらしく、報告の年次でその見解に大幅な隔たりがある。比較的最新の報告書によると、アイ・ハヌムのギリシア人都市の滅亡は前一四五年頃とされる。その根拠としては、宮殿宝物庫の一室から出土した貯蔵大甕の破片に「二四年」の墨書が見つかった。それは国庫のオリーヴを大甕に貯蔵した年を記すもので、その後間もなく宮殿宝物庫は掠奪、破壊され、アイ・ハヌム都市が滅亡してしまった。「二四年」をギリシア・バクトリア王国のユークラティデス王即位紀元(前一七一)とすると、前一四八年となり、したがってその直後の前一四五年頃をギリシア人都市の終焉と考えたのである。

発掘の過程で明らかになったことは、アイ・ハヌム都市がその末期において大規模な掠奪と火災とに見舞われて滅亡したということである。宮殿施設には多くの木材が使用されていた。部屋の框、梁、天井などが火災によって焼け落ち、炭化したものが残存した。火災の勢いは石製の柱頭、柱身を破裂させ、赤く変色させていた。火災の上に掠奪がともなった。石柱は地上に引き倒され、柱身を接合していた青銅棒が抜き取られている。原型を残した礎石やレンガなどは再利用のために外部へ運びだされている。時には石材を砕破し、炉で焼いて生石灰をつくっている。大火災と掠奪によって、アイ・ハヌム都市はギリシア的性格をすべて消失した。その後、掠奪者自身か、あるいは土着の侵入者かがしばらくアイ・ハヌム廃墟の一部を占拠した形跡がある。

侵入者のある者は宮殿宝物庫の一室に炉をつくり、金銀細工を溶解して地金につくりかえた。そこから薄い板状の銀の地金が一枚出土し、その周囲に未解読の文字が刻まれていた。アラム系文字(アラム語は西アジア起源の言語で、ペルシア帝国の公用語とされた)で、それはすでにカザフスタンのイシック古墳から出土した銀器、ウズベキスタンのハルチャヤン宮殿址から出土したレンガの刻文で知られていたものであった。掠奪者あるいは後世の侵入者の性格を考える上で示唆的である。そのほかギムナシオン(体育場)にも後世の人びとが占拠した形跡があり、北側区域の内庭が細長い部屋(倉庫)につくりなおされていた。円形劇場からは大量の人骨の散乱状況が見つかった。それは円形劇場の中心、半円形部分(オーケストラ区)の発掘であり、その約半分の発掘面積で一〇〇体以上の死骸が判明した。発掘者はそれらがアイ・ハヌム滅亡のさいに虐殺されたギリシア系住民の遺体なのか、それとも後世の侵入者バクトリア住民が、かれらの風習によって埋葬したものなのか、判断に迷っている。ストラボン『地理誌』(XI.11.3)によると、アレキサンダー大王の東征当時、バクトリアの住人たちは死者を野ざらしにし、イヌに肉を食べさせ、白骨化したものを埋葬、あるいは納骨器に入れて墓室に安置していたといわれる。ゾロアストラ教徒に見られる埋葬方法であり、その可能性も十分あるとする。

もう一つ発掘の過程で明らかになったことは、前二世紀初からすでに、アイ・ハヌム都市が衰退しつつあったということである。たとえば「凸壁飾付の神殿」は、火災と掠奪以前にその宗教的機能を消失して、その室内に多量の大甕が置かれ、貯蔵室に変えられた可能性があった。確かにギリシア・バクトリア王の発行する銀貨を見ても、前二世紀の中頃になると、その貨幣の重量はしだいに小型化し、ギリシアの重量単位を外れ、さらにギリシア文字銘のほかに西北インドの土着文字であるカロシュティ文字が併記されるようになる。ギリシア・バクトリア王国自身の重心がしだいにヒンドゥクシュ山脈の北から南へ移る。それに呼応するかのようにヒンドゥクシュ北のギリシア人都市は滅亡してしまった。アイ・ハヌムのギリシア人都市もその大きな渦の中にあったと考えられる。

◈遊牧民の侵入とバクトリア王国の滅亡

ストラボンの『地理誌』(XI.8.2)にはギリシア人バクトリア王国の滅亡のことがはっきり記録されている。

東方のスキタイ(サカ)人の大部分は遊牧民である。その中でももっともよく名が知られているのは、ギリシア人の手からバクトリアの地を奪った人びと、つまりAsii, Pasiani, Tochari, Sacarauliたちである。かれらはもとヤクサルテス（シル・ダリア）河の対岸に居住していた。ヤクサルテス河はソグド人の地とスキタイ（サカ）人の土地を隔てるものであったが、やがてスキタイ人に占領されてしまった。

シル・ダリアのかなたからやってきて、バクトリアのギリシア人王国を滅亡させたスキタイあるいはサカと呼ばれた遊牧民と、アイ・ハヌム都市に火を放ち、掠奪して廃墟と化した人びととが同一であるか、今のところ断定できないが、可能性は十分にあると私は考えている。フランス調査隊の最終的報告書の結論を待ちたい。

さらに私はストラボンの言う東方のスキタイ（サカ）人が、前一六〇年頃匈奴に追われて西遷し、大夏を征服した大月氏そのものであろうと主張したい。従来の研究では大月氏や塞をストラボンがギリシア・バクトリア王国を滅亡させたとして列挙する四部族の一つに同定しようと試みてきたが、確実性がない。塞民族の存在に信憑性がないことはすでに述べたが、かりに実在であるにせよ、史料の示すところでは大夏の征服と無関係であった。大月氏＝スキタイ（サカ）とすれば、東西の歴史記録はよく一致する。アイ・ハヌム遺跡の発掘結果から示唆されたギリシア人都市の滅亡前一四五年頃という時期も、ストラボンの「バクトリア王国滅亡」、そして『史記』『漢書』の「大月氏の大夏征服」の記事となんら矛盾するところはない。前一二九年頃、張騫がアム・

ダリア南岸の大夏国に到達したとき、すでに大月氏はその国を征服し、ギリシア・バクトリア王国が滅亡した後であった。土着の大夏人は家屋、都市をつくって定住し、都市(城)ごとに小君長が立ち、統治をしていた。大夏の人口は一〇〇万人に達し、戦争には弱いが、商売には長けていたという。

第四章

クシャン王朝の勃興（1）

——碑文から大月氏との関連を探る

◈大月氏のその後

ヤクサルテス（シル・ダリア）河のかなたからやってきてギリシア人バクトリア王国を滅亡させた遊牧民スキタイ（サカ）人たちは、その後どのようになったか。ギリシア・ラテン語史料には詳しくは記されていない。かれらはパルティア王国の北辺に侵攻し、フラーテス二世（在位前一三八／七～前一二八）、およびアルタバヌス二世（在位前一二八～前一二四）と交戦した。このパルティアの二王はスキタイ人との交戦中に陣没した。次のミトラダテス二世（在位前一二三～前八八／七）に至って、ようやくスキタイ人を撃退し、領土を回復することができたという。

一方中国史料はその後の大月氏について別の内容を記す。私たちは『史記』大宛伝によって、大月氏が西移して大夏を征服し、オクサス（アム・ダリア）河の北に王庭を置いたことを知った。それに続けて『漢書』西域伝は前漢末（後二五）までの大月氏について述べる。

大夏にはもともと大君長はおらず、城邑ごとにしばしば小君長が置かれるだけであった。人びとは弱く、戦闘を畏れたので、大月氏が移住してくると、みな服従させてしまった。漢の使者に食糧を供給してくれるのは、次の五翕侯である。休密、双靡、貴霜、肸頓、高附であり、……これらの翕侯はみな大月氏に服属する。

大月氏に服属した翕侯とは、部族長あるいは小君長に相当する呼称であり、後のトルコ族（突厥など）が葉護（ヤブグ）と呼んだものと同一語源と思われる。その中に貴霜（クシャン）翕侯があり、後にクシャン王朝として、シルク・ロード貿易の仲介者となり、またガンダーラ仏教美術の擁護者となって、歴史上大いに活躍する人びとである。このクシャン王朝こそ、月氏の第二の顔といえるものであった。

◈大月氏とクシャン（貴霜）

『漢書』西域伝には、大夏国に五翕侯が存在すること、それらが大月氏に服属していることが書き加えられた。『漢書』西域伝に次いで、後漢時代の大月氏の情報を伝えるのが、『後漢書』西域伝・大月氏条である。ただ、それは後漢帝国の勢力後退によって、西域の情報は後一二五年頃までに限られている。『後漢書』西域伝には、その五翕侯の一つであった貴霜（クシャン）翕侯が他の四翕侯を併呑し、勢力をガンダーラ、インドにまで拡張したことが述べられる。

始め月氏が匈奴に滅ぼされると、ついに大夏に移住し、その国を休密、双靡、貴霜、肸頓、都密の五翕侯に分割統治した。その後一〇〇年あまりして、貴霜（クシャン）翕侯の丘就卻

（クジュラ・カドフィセス）が他の四翕侯を攻め滅ぼし、自ら王を名乗り、貴霜（クシャン）王国を創建した。安息（パルティア）に侵入し、高附（カーブル）を占領した。さらに濮達、罽賓（ガンダーラ）を滅ぼし、その土地をことごとく領有した。丘就卻が八十余歳で死ぬと、その子の閻膏珍（ヴィマ・カドフィセス）が代わって王位に即いた。閻膏珍もまた引きつづき天竺（インド）を滅ぼし、一人の総督を任命して、インドを統治させた。月氏はそれ以来、富裕で最強の帝国となり、周辺諸国はみな尊称して貴霜（クシャン）王朝と呼ぶ。しかし漢（中国）では旧称によって、大月氏と呼称する。

一地方君主（翕侯）にすぎなかったクシャン族が、他の四翕侯を武力で併合し、さらにアフガニスタン北部（大夏）の範囲を越えて版図を拡大し、ついに中央アジアからインドにまたがる大帝国を築いた過程、つまりクシャン王朝勃興史に関する唯一の貴重な文献記録である。この急速な発展は五翕侯成立後の約一〇〇年あまりのこととして述べられる。後一世紀の中頃から後半にかけてのことと推定される。そこに登場するクシャン王朝初代王のクジュラ・カドフィセス（丘就卻）、二代王のヴィマ・カドフィセス（閻膏珍）の実在は、それぞれの名前を刻んで発行された貨幣の存在から確認することができ、『後漢書』西域伝の信憑性が裏づけられる。

ところが、『漢書』西域伝と比較すると、『後漢書』西域伝では大月氏の移住地が始めから大夏であったと理解され（遂遷於大夏）、したがって大夏の地に存在した五翕侯が大月氏そのものと誤解されている。『後漢書』編纂時には時間の経過とともに、大月氏西遷の史実があいまいなものとなっていたからであろう。また五翕侯のうち高附（カーブル）が除かれ、都密（テルメズ）に代わっ

7…後二世紀頃のクシャン王朝

ているのも、当時の情勢に合わせたものであろう。問題は翕侯が大夏に分封された大月氏の支配層であったか、あるいは大月氏から翕侯として承認された大夏の小君長であったか、である。『後漢書』の編者はこの箇所で、周辺諸国がこの新興大国を「貴霜王国（クシャンKushan）」と呼んでいると認めながら、中国（漢）側はかれらの出自を尊重し、もとの大月氏の名で記録すると断っている。この微妙な表現と『漢書』『後漢書』の記述内容の相違が、大月氏、クシャン系統論について、意見のくいちがうところである。確かに中国人の尚古主義の悪いくせで、本来別系統の両者を無理に連結したと判断できないこともない。

『後漢書』はクシャン王の名前として、初代の丘就卻（クジュラ・カドフィセス）と二代王の閻膏珍（ヴィマ・カドフィセス）を挙げるが、その後に即位するカニシュカ、フヴィシュカ、ヴァースデーヴァ王について記していない。カニシュカ王即位（一四三／四頃）以前に、クシャン王朝の情報が中国に届かなくなったためであろう。しかし、『三国志』魏書になると、再びその明帝本紀・太和三年十二月（二三〇）条に、大月氏王の波調が朝廷に使節を派遣してきたと記録が現われる。大月氏王波調はクシャン王ヴァースデーヴァに間違いない。明帝はヴァースデーヴァに「親魏大月氏王」の称号を授けたと記す。中国の記録には断絶があるけれども、中国人がクシャン＝大月氏と見る態度は一貫している。

月氏の実像はなかなかつかめないが、クシャン人の顔、姿ならば、読者にお見せすることができる（挿図8）。クシャン貨幣には王の肖像が立像、胸像のかたちで打刻されている。小さいのが難点だが、金貨のばあいは保存がよく、詳細な点まで観察できる。長い顔、とくにあごが大きく、がっしりしているのが特徴。目鼻の彫りが深く、髭も濃い。手足も大きく、立った姿勢だと

ヘラウス銀貨(裏)
ヘラウス銀貨(表)
カニシュカ金貨
ヴィマ・カドフィセス金貨
ヴァースデーヴァ金貨
フヴィシュカ金貨

8…ヘラウスおよびクシャン諸王の貨幣
(『シルクロード・コイン美術展カタログ』1992による)

手先が膝まで届きそうである。服装は筒袖の上着に、ズボン、ブーツをはく。上着の裾は長く、ベルト以下がスカートのように広がる。いちばん上に厚地のガウンをはおることもある。ガンダーラ彫刻、あるいはマトゥラー彫刻にもクシャン人像がある(供養者)。残念ながらたいてい頭を欠損している。服装は貨幣上に表現される姿と変わりない。いわゆるスキタイ風の服装、つまり騎馬遊牧民族に類する姿であり、クシャン人の出自を遊牧民族月氏と考える手がかりの一つとなる。しかしそれだけでクシャン人＝月氏と結論することはできない。

◈カニシュカ・クシャン王朝

クシャン王朝の諸王の中でもっとも有名なのはカニシュカである。カニシュカ王の名は漢訳仏典の中に仏教の擁護者として登場し、また玄奘『大唐西域記』巻二、三において仏塔の建設や仏典の結集などの事業を行なった偉大な人物として伝説的に物語られている。カニシュカ王の発行した貨幣(金貨、銅貨)は多種知られており、また一九五七年にフランス調査隊によって発見されたスルフ・コタル碑文にもその名が記され、スルフ・コタルの神殿自体もカニシュカ王を祀るものではなかったかと推定されている。神殿に奉納されたいくつかの石灰岩製の彫像の一つはカニシュカ王の肖像と考えられる。カニシュカ王の実在についてはもはや疑いの余地はないが、中国の歴史記録には記されていない。後漢帝国の勢力は後二世紀初頭に西域から撤退し、それ以降の西域の情報が中国には途絶えてしまい、したがって『後漢書』西域伝には一二五年以降の西域についての記録が含まれていない。先にも触れたとおり、カニシュカ王の即位が一二五年以降のことであったので、中国の正史『後漢書』西域伝に記載されなかったのであろう。

◈カニシュカ紀元

カニシュカ王は自らの即位元年を紀元とするいわゆるカニシュカ紀元を創始し、その後継者のフヴィシュカ王、ヴァースデーヴァ王もそれを使用した。カニシュカ紀元を使用した碑文とそれぞれの国王の在位との関連を調べてみると、カニシュカ王は一〜二八年、フヴィシュカ王は二八〜六〇年、ヴァースデーヴァ王は六〇〜九八年のカニシュカ紀元を用いている。資料不足のため、カニシュカ王の即位年の絶対年代を正確に割り出すのは困難ではあるが、私はR・ギルシュマンの提案するカニシュカ紀元元年＝一四三／四年説を比較的妥当なものとして採用する。カニシュカ紀元で計算すれば、波調が魏の明帝から「親魏大月氏王」の称号を受けた太和三年一二月、つまり西暦二三〇年一月はヴァースデーヴァ王の在位二八年目にあたる。

◈ラバタク碑文の発見

従来の研究はカニシュカ王、とくにカニシュカ紀元元年にあたる王の即位が何年であるかに焦点が絞られてきた。そのため『後漢書』西域伝に記されたクジュラ・カドフィセスとヴィマ・カドフィセスの王統とカニシュカ王に始まる王統とが別系統であり、両者の間に時間的な断絶さえあるように理解されてきた。ところが、ごく最近になって戦乱のアフガニスタンの北部で新しい、注目すべき碑文の発見があった。

一九九三年三月、アフガニスタンの北部、バグラーン州の村人が近くの遺跡から再利用のためにレンガや石材を抜き取っていたところ、碑文を発見した。バグラーンの知事サイード・ジャアファル Sayyid Ja'far は役人を現地に派遣し、発見品を自宅に運び込み、現在もそこに保管されているという。発見遺物は白色石灰岩の碑文、ライオン彫刻断片（前脚、たてがみ一部）、壁柱礎石、蓮弁浮彫のある建材、古代レンガ（二〇×一〇×八センチメートル）などである。このニュースは当時アフガニスタンで地雷の除去作業にあたっていたイギリス人ボランティア活動家ティム・ポーター Tim Poter に伝えられ、かれが現地で撮影した写真が大英博物館に届いた。現在、碑文の研究はその写真に基づいて行なわれており、一九九六年末になって初めてその成果が発表された。碑文の解読をロンドン大学のN・シムス＝ウィリアムスが、碑文の歴史的意義を大英博物館のJ・クリッブが担当した。

その後、現地で新たに撮影された数枚の碑文写真がシムス＝ウィリアムスのもとにもたらされた。かれは先の解読に若干修正を加え、新訳を発表した。ほぼ同時にインドの碑文学者ムッケルジー B. N. Mukherjee もその写真によって独自の解読を発表した。フランスのフスマン G. Fussman はそれらの解読に対し、さっそく手厳しい批評を加えている。このラバタク碑文の出現はそれだけ大きな波紋を学界に投げかけたといえる（巻末の参考文献を参照）。

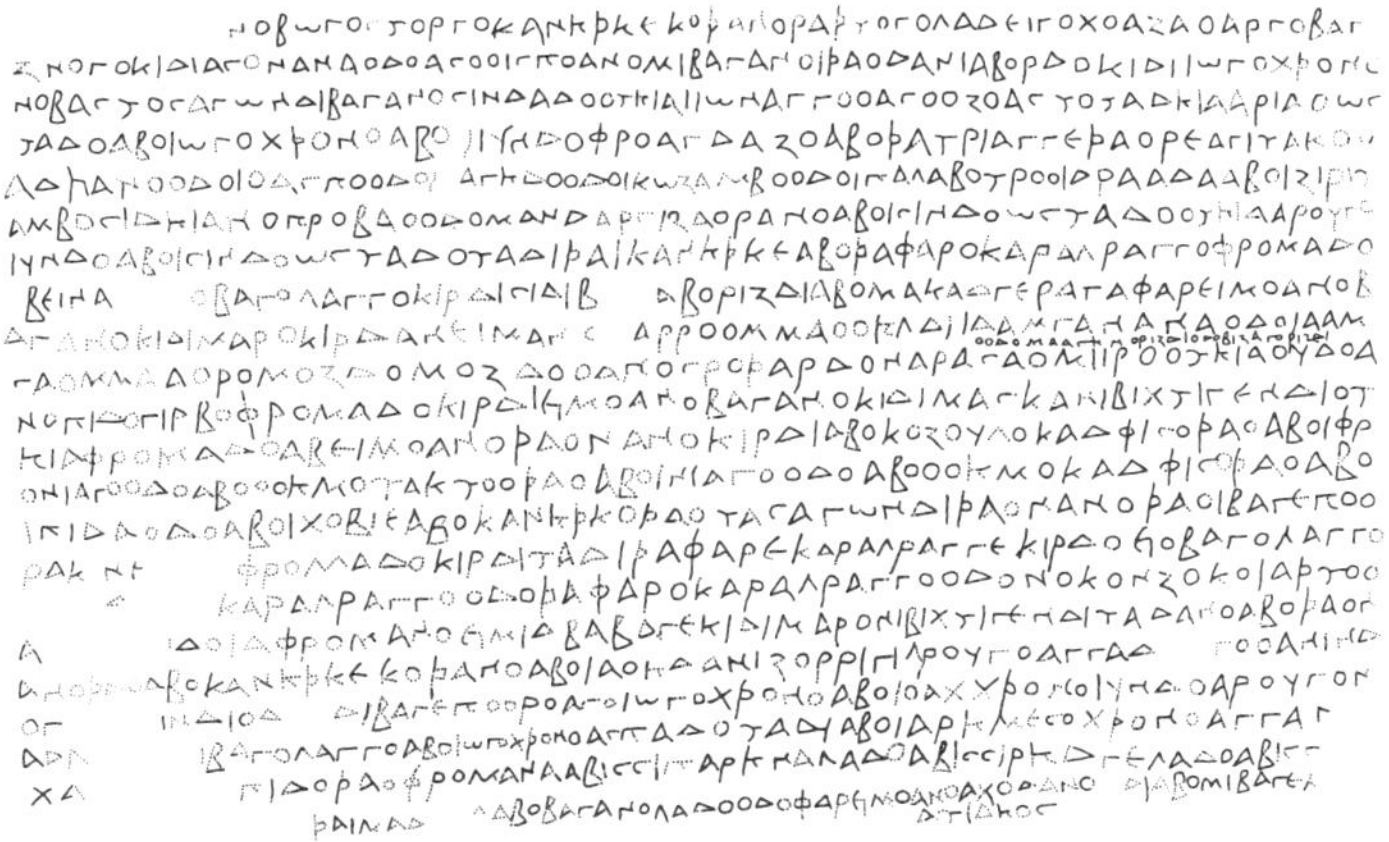

9…ラバタク碑文模写（Sims-Williams, 1998による）

碑文の発見地はバグラーン州ラバタクRabatakのカフィール・カラKafir-Qalaとして知られた遺跡であり、プリ・フムリPuli-Khumriの北方四〇キロメートル、ハイバクHaibakの東四〇キロメートルのところという。スルフ・コタル遺跡との距離は約三〇キロメートルと近い。石灰岩製の碑文の大きさは幅九〇センチメートル、高さ五〇センチメートル、厚さ二五センチメートル、ギリシア文字・バクトリア(クシャン)語で二三行に、一行五〇〜六〇字程度で刻文されている。九〜一〇行間に小字の挿入文がある。左下に向かうに従って磨滅が激しい(挿図9)。

今、シムス＝ウィリアムス氏の新解読(一九九八)によって内容を示すと、次のようになる。文中の丸囲み数字は碑文の該当行数を示す。

①(一〇字欠)偉大な救済者、クシャン朝カニシュカ王は正義の帝王、神として礼拝に値する君主であり、②ナナ神およびすべての神々から王権を授与された。カニシュカ王は神々の望みに従って、新しい紀元を創始した。③そしてギリシア語の詔勅を発布し、それをアーリア語に改め、④元年にそれをインドのすべてのクシャトリア王国に対して布告した。⑤ワースプ(アラコシア)、サーケタ、カウシャンビー、パータリプトラ、さらにシュリー・チャンパーに至る国々にまで。⑥それがいかなる国王、他の勢力であろうと、王はかれらすべてをその権威に服従させ、全インドをかれの支配下に置いた。⑦そしてカニシュカ王はカラルラゴ(カナラング＝官職名)のシャファルShafarに対し、⑧王家の平地にB……abという神殿

を神々のために建立することを命じた。⑨神殿の奉仕は栄光のウンマ神が導き、上記のナナ神、⑩同じくウンマ神、慈悲深きアフラマズダ、スロシャルド(スラオシャ)、ナラサ、ミフルが続く。⑪そしてかれは同時に上記の神々の彫像を制作するように命じた。⑫またかれは諸王の彫像を制作するように命じた。⑬曾祖父のクジュラ・カドフィセス Kujula Kadphises、祖父のヴィマ・タクトゥ Vima Taktu、⑭父のヴィマ・カドフィセス Vima Kadphises、そしてカニシュカ Kanishka 王自身の彫像である。かれは諸王中の大王、⑮神々の子(天子)として、その遂行を命じ、カラルラゴのシャファルがこの神殿を建立した。⑯(八字欠)そしてカラルラゴの……とカラルラゴのシャファル、⑰アシュトゥワルグ ashtwalg(官職名)のノコンゾク Nukunzuk とが、王の命令を執り行なった。⑱上記の神々が諸王中の大王・クシャン王朝カニシュカに対し、永遠の健康、幸運、勝利とをお与えくださるように、⑲また神々の子(天子)が即位元年から千歳の長きに至るまで全インドを支配できますようにと願った。⑳(六字欠)神殿は元年に建立され、三年に完成した。㉑(八字欠)王の命令により多くの祭礼が執り行なわれ、多くの参列者が集められ、また多くの……が与えられた。㉒(一三字欠)王は神々に贈物を捧げ、それらの贈物については……。㉓(文字の痕跡のみ)

碑文の内容はカニシュカ王が碑文の出土地ラバタクに神殿の建立を命じ、またカニシュカ王自身を含む歴代クシャン諸王の彫像を制作して、神殿に奉納するように命じたものである。その中でとりわけ重要なのは、カニシュカ王が「曾祖父のクジュラ・カドフィセス、祖父のヴィマ・タクトゥ Vima Taktu、父のヴィマ・カドフィセス、そしてカニシュカ王自身の彫像」を制作するようにと述べた文章である。クシャン王朝の創始者のクジュラ・カドフィセスからカニシュカまで、すべて父子継承の同一家系の王朝であることが証明された。また『後漢書』西域伝では、丘就卻(クジュラ・カドフィセス)が八十歳余の長寿で死没し、その子の閻膏珍(ヴィマ・カドフィセス)が王位を継承したと記載されたが、その間にもう一人ヴィマ・タクトゥという王が在位したことが判明した。ただ、王名[T]aktuの最初の文字が不鮮明であり、今のところタクトゥという名は確定的ではない。クシャン貨幣の研究上では、従来ソテル・メガス Soter Megas(偉大なる救世者)の称号でしか知られなかった貨幣が存在し、従来それとクシャン王貨幣との関係が議論されてきたが、今やそれをヴィマ・タクトゥ王の貨幣とすることができる。以上のクシャン王の編年を表にまとめると次頁のようになる(表10)。

◈クシャン朝バクトリア語碑文

ラバタク碑文の三〜四行に、カニシュカ王がギリシア語で書かれた詔勅を聖なることば、つまりアーリア語に書き改めさせ、発布したことが記されていた。アーリア語とは碑文自身が示すように、土着バクトリア語である。バクトリア語はソグド語と並ぶ東イラン系言語の一つである。クシャン貨幣に打刻された文字・言語は、始めギリシア語とカロシュティ文字によるガンダーラ語（中期西北インド方言）の二語併用であった。ところが、カニシュカ貨幣の初期のものを除くと、それ以降のクシャン貨幣はみなギリシア文字を使用したバクトリア語表記に統一される。した

王名		カニシュカ紀元	在位年（A.D.）	関連の碑文
クジュラ・カドフィセス	丘就卻		ca. 60 ― 100	Dashti-Nawur
ヴィマ・タクトゥ			ca.100 ― 120	Dilberjin
ヴィマ・カドフィセス	閻膏珍		ca.120 ― 143	Surkh Kotal 2
カニシュカ		1 ― 28	143 ― 171	Surkh Kotal 1 Rabatak
フヴィシュカ		28 ― 60	171 ― 203	Surkh Kotal 4
ヴァースデーヴァ	波調	60 ― 98	203 ― 241	Ayrtam

10…歴代クシャン王の在位一覧表

がって従来の研究ではカニシュカ王がギリシア文字によるバクトリア語表記を創始したと考えていた。ちょうどラバタク碑文もそれを裏づけるようにも見える。

◈ダシュティ・ナウル碑文

しかし現在知られるクシャン朝バクトリア語碑文の中には、カニシュカ王以前のものがあり、ギリシア文字によるバクトリア語表現をカニシュカ王の創意とするのは正しくない。その一つ、ダシュティ・ナウル碑文はガズニの西方約四〇キロメートルのところ、標高四三〇〇メートルの山頂で発見された。大岩の上にギリシア語、バクトリア語、未知の言語(アイ・ハヌムの銀地金の文字)の三語併用で、その内容はクシャン王ヴィマ・タクトゥ(?)の戦勝記念を記すものである。一九六七年にフランス調査隊が確認し解読したが、当時はその王名をヴィマ・カドフィセスと考えた。しかしラバタク碑文の例からすれば、ヴィマ・タクトゥと判読したほうがよいかもしれない。二七九年という紀年が刻まれており、ユークラティデス王の紀元で計算すると、後一一三年となる。

◈ディルベルジン碑文

この遺跡はバルフの西北約四〇キロメートルの山中にある一辺約四〇〇メートルの土塁で囲まれた都城址で、中心に小高い丘(アクロポリス)がある。I・クルグリコーワを隊長とするソ連・アフガニスタン調査隊によって一九六九年から継続調査され、城内東北隅に神殿、建物群を発掘した。壁画、碑文を含む遺物の年代はギリシア・バクトリア時代から後五世紀に及ぶ。バクトリア語碑文は神殿内から見つかった。もとは方形の石灰岩に二四行一二〇〇字程度であったと思えるが、今は三つの断片約四五〇字が残るのみ。その大要は始め都城ならびにシヴァ神殿は城外の井戸から水を供給されていたが、水が枯渇したので、クシャン王の命令で城内に井戸を掘り、水を得ることに成功したことを述べる。王名はここでもヴィマ・タクトゥかヴィマ・カドフィセスかどちらかに読める。

◈スルフ・コタル碑文

スルフ・コタル神殿はフランス調査隊が一九五二〜六五年まで調査したもので、その間に四種のバクトリア語碑文を発見した。なかでも有名なのは、方形石灰岩(一一七×一三二センチメートル、厚さ三〇センチメートル)に一行二九〜四八字、二五行にわたり書かれた碑文である(一九五七年発見、SK・4)。この碑文には別に二とおりの習作があり、いずれも砕破されて井戸枠に再使用されていた。今G・フスマンの新しい解読によってその内容を示すと、次のようになる。

この城砦 malizo はカニシュカ王の名前を冠した「カニシュカ・オアニンド神殿」である。しかるにこの城砦が一たび完成するや、やがて城内の水が減少し、そして枯渇して城砦は水なしの状態となった。かくして……、神々は玉座から立ち去ろうとした。人びとは神々をルラフ Lraf の城内に遷し、この城砦を放棄した。そのときフリホウァデウ Frikhwadew の子のカラルラゴ（カナラング）のノコンゾクがここに来た。かれは神々の子（天子）に対して親愛の情厚く、協力的で寛大な人物であり、生きとし生けるものすべてに対して清浄な心を抱く者であった。かれは［カニシュカ紀元］三一年、ニーサーン月にこの神殿にやってきた。そしてかれは城砦のまわりに一本の水路を掘り、次いで井戸を掘って、そこから水を汲み出した。かれは井戸を石で囲った。城砦のまわりでは水に不足することがなくなった。そのようにして神々がもはや玉座を立ち去ることがなく、人びとも城砦を放棄することがないようにした。かれは井戸の上に一つの……を設置し、一つの……を取り付けた。この井戸のおかげで城砦は十分に機能を果たすようになった。この井戸と……とは主人の命令により、ヒルグマン Khirgman がカラルラゴ（カナラング）のノコンゾクの従僕、アスティルガン Astilugan のコズガシュク Kozgashk の子、ブルズミフル Burzmihr と共同して建造した。この碑文はイユマン Iyuman がブルズミフルの子ミフラマーン Mihraman と共同して書いた。

碑文の大要は、神殿の水が枯渇したとき、カラルラゴ（官職名）のノコンゾクがここに来て、井戸を掘らせ復旧させたことを記念するものであり、カニシュカ紀元三一年（フヴィシュカ王の治世）のことと記されている。ノコンゾクという人物はラバタク碑文にも登場した。当時のクシャン王朝の高位高官の一人であろう。ひょっとすると、先のラバタク碑文はスルフ・コタル神殿の創建碑文であり、その後三〇年近くたってからの修復碑文がスルフ・コタル碑文であるかもしれない。いずれにせよラバタク碑文の出土状況が伝聞でしか知られないのが残念である。

その他のスルフ・コタル碑文SK・1、SK・2、SK・3はいずれも断片である。SK・1は全体の五分の一程度の残存、しかしなお一二四字あり、カニシュカ王の神殿建立を言う。SK・2は未完成碑文であるが、二九九年の日付と、クシャン王ヴィマ・カドフィセスあるいはヴィマ・タクトゥの名を記す。SK・3は小さな断片である。バゴラゴBagolaggo(神殿)ということばが読み取れる。

◈アイルタム碑文

以上の碑文がすべてアフガニスタン出土であったのに対し、アイルタム遺跡はアム・ダリアの対岸、ウズベキスタン領に属する。碑文は一九七九年、旧ソ連がアム・ダリアをまたぐ「友好の橋」をかけようとし、橋のたもとの遺跡を緊急調査したさいに発見された。バクトリア語碑文はシヴァとパールヴァティ男女神の立像(脚部のみ残存)の台座に六行に刻まれている(石灰岩、七五×六一×三三センチメートル)。内容は、クシャン王フヴィシュカの治世に、神殿に新たに水道を引き、神殿を復旧させたことを記す。

◈クシャン人の言語

私が京都大学の調査隊メンバーとして初めてアフガニスタンを訪れたのは一九六〇年のことであった。カーブル博物館の正面入口ホールの壁に展示されたスルフ・コタル出土の石灰岩製ギリシア文字碑文に不思議な感覚を覚えた。ここはアジアか、ヨーロッパかと。それ以来、今日までにずいぶん多くのバクトリア語碑文が発見されてきた。とりわけ最新出土のラバタク碑文はクシャン史研究にとって画期的な発見であった。そのラバタク碑文を最初に解読したロンドン大学のシムス＝ウィリアムス教授が一九九七年九月に来日し、神戸外国語大学の吉田豊教授の研究室を訪れ、ラバタク碑文について研究報告をされた。私も研究会に参加させていただいた。その席で私は次のような意味の質問をした。バクトリア語はクシャン人の言語と考えられないか、と。教授はバクトリア語とクシャン語は異なる。クシャン人本来の言語は別にある。たとえばダシュティ・ナウルの未知の言語がそれであるのかもしれないと答えてくれた。クシャン人の言語がバクトリア語であるとすれば、これほど多くの言語資料が集まった今、クシャン人の言語、人種、出自・原住地の問題は解決しやすくなるはずである。しかし欧米の学者にはクシャン人は大月氏である、つまり中国の西北辺境から匈奴に追われ西移してきた遊牧民族であるという固定観念があり、バクトリア語をかれらの固有言語とする発想は湧かないのかもしれない。

クシャン人の原郷が中国西北辺境にあったか、それともアム・ダリア流域のバクトリアにあったかで迷う私には、ラバタク碑文の中でカニシュカ王がかれの詔勅をギリシア語からアーリア語に書き直すことを命じた箇所に強く心を惹かれた。それはかれらクシャン人の言語的ナショナリズム高揚であろうと理解したからである。確かにバクトリア語はバクトリア（大夏）の定住民のことばである。しかし同種の言語を持つ遊牧民も存在し、それがクシャン人ではなかったか。もしクシャン人の原郷がアム・ダリア流域とすれば、月氏との関係はどうか。かつて榎一雄や護雅夫が主張したように、月氏の西移は東から西への民族移動ではなく、本来中央アジアに本拠を持った月氏の東方進出からの撤退にすぎなかったと考えられる。翕侯（ヤブグ）が遊牧民に固有な支配制度の用語であるとすれば、貴霜（クシャン）翕侯は定着民の大夏人そのものではなかった。クシャン人はやはり大月氏、少なくともその一部であったと考えた方がよさそうである。かれらは遊牧民として、商才に長けた大夏人とともに中国との貿易利益を追求して東方に進出していたのではなかろうか。

第五章

クシャン王朝の勃興（2）

――ティリア・テペの黄金遺宝

◈貴霜翕侯の位置

大月氏五翕侯の所在、とくに貴霜翕侯の地理的位置がどこにあったか知りたいと思うが、今のところ確定する手がかりがない。『漢書』西域伝には五翕侯の都城名と西域都護府（クチャの東方の烏塁城）および陽関（敦煌）からの距離数が記されている。里数表示は漢の使節が五翕侯を訪れ、外交関係を保持していたことを示すものである。しかし五翕侯間の互いの距離差は西域都護府を起点とするのと、陽関を起点とするのとでは一致しない。その差異があまりにも大きく、数値をそのまま信頼して五翕侯の地理的位置を推定することは困難である。また『北史（魏書）』西域伝には五翕侯の故地が再び取り上げられ、北魏の首都の代（平城、現在の大同付近）からの距離が示されている。そのばあい五翕侯はいずれもアフガニスタン東北部に偏在するかのように想定されているが、その伝承の根拠があまり明白ではなく、やはり信頼しがたい。二種の文献資料のデータを一覧表にすると左記のとおりである（表11）。

一方、考古学の立場からも五翕侯、とくにクシャン王朝の前身となる貴霜翕侯の地理的位置に関してさまざまな角度から調査がなされている。たとえば、貴霜翕侯の発行とみなされるヘラウス銀貨（挿図8）の分布、出土地の確定研究、スルハン・ダリア流域のダルヴェルジン・テペとハルチャヤン遺跡を大月氏の王庭および貴霜翕侯の所在地とする主張、ティリア・テペ墓の黄金遺宝をクシャン王朝勃興史に結びつける研究などである。

『漢書』西域伝	『北史（魏書)』西域伝	都護より（里）	陽関より（里）	代より（里）
休密（和墨城）	伽倍国（ワハン峡谷）	2841	7802	13000
双靡（双靡城）	折薛莫孫国（マストゥジ）	3741	7782	13500
貴霜（護澡城）	鉗敦国（ワハン峡谷）	5940	7982	13560
肸頓（薄茅城）	弗敵沙国（バダフシャン）	5962	8202	13660
高附（高附城）	閻浮謁国（ヤムガン）	6041	9283	13760

11…大月氏五翕侯の距離里数一覧表

◈ティリア・テペの黄金遺宝

ここではまずティリア・テペの黄金遺宝の発掘について紹介したい。ティリア・テペ遺跡はアフガニスタンの北部、シバルガン Shibarghan の町の東北五キロメートルにあり、綿畑の中にある直径一〇〇メートル、高さ三メートルほどの平凡な小丘であった(挿図12)。発掘はV・サリアニディを隊長とするソ連・アフガニスタン調査隊によって実施された。遺跡の性格については、一九七一年の予備調査、そして一九七七年から再開された本格調査でほぼ判明していた。マウンドの下に埋もれている大きな方形の建造物は、四辺を日干レンガの厚い壁と望楼とで囲まれたもので、たぶん拝火神殿の廃墟と思われた。地表に散布する土器片から推定すると、神殿は前二千年紀末頃に創建され、前五〇〇年頃まで存続し、大火にかかり廃墟と化したものらしい。その後に廃墟の丘の上に小さな集落が営まれた形跡があった。

しかし一九七八年の秋、調査期間がそろそろ終わりに近づいたとき異変が起こった。まず一一月一五日、マウンドの西端で、発掘廃土の中から黄金装飾品の小断片が顔をのぞかせた。こうして第一号墓の存在に気づき、その付近、マウンドの西側に偏って次々と同じような墓が発見されてきた。一九七九年二月八日まで発掘期間を延長し、全部で六個の墓の発掘を完了した。幸いなことに六墓ともすべて盗掘の被害を受けていない、手つかずのままであった。盗掘を免れたのは、地表に墓の存在を示すような封土や墓標がまったくなかったことによる。したがって発掘者にも墓地の存在は予想外のことであった。

このティリア・テペ墓の黄金遺宝が発見された一九七八年には、アフガニスタンに政変が起こり、ソ連寄りの政権が誕生した。ソ連は新政権を支援するために、一九七九年一二月、約一〇万人の軍隊をアフガニスタンに進駐させた。しかし新政権に反対するアフガン・ゲリラとの間に激しい戦闘が始まり、フランス隊はアイ・ハヌム遺跡の発掘を中断せざるをえなくなり、ティリア・テペの発掘についても、一九七九年二月に第七番目の墓と思えるものを見つけたものの、時

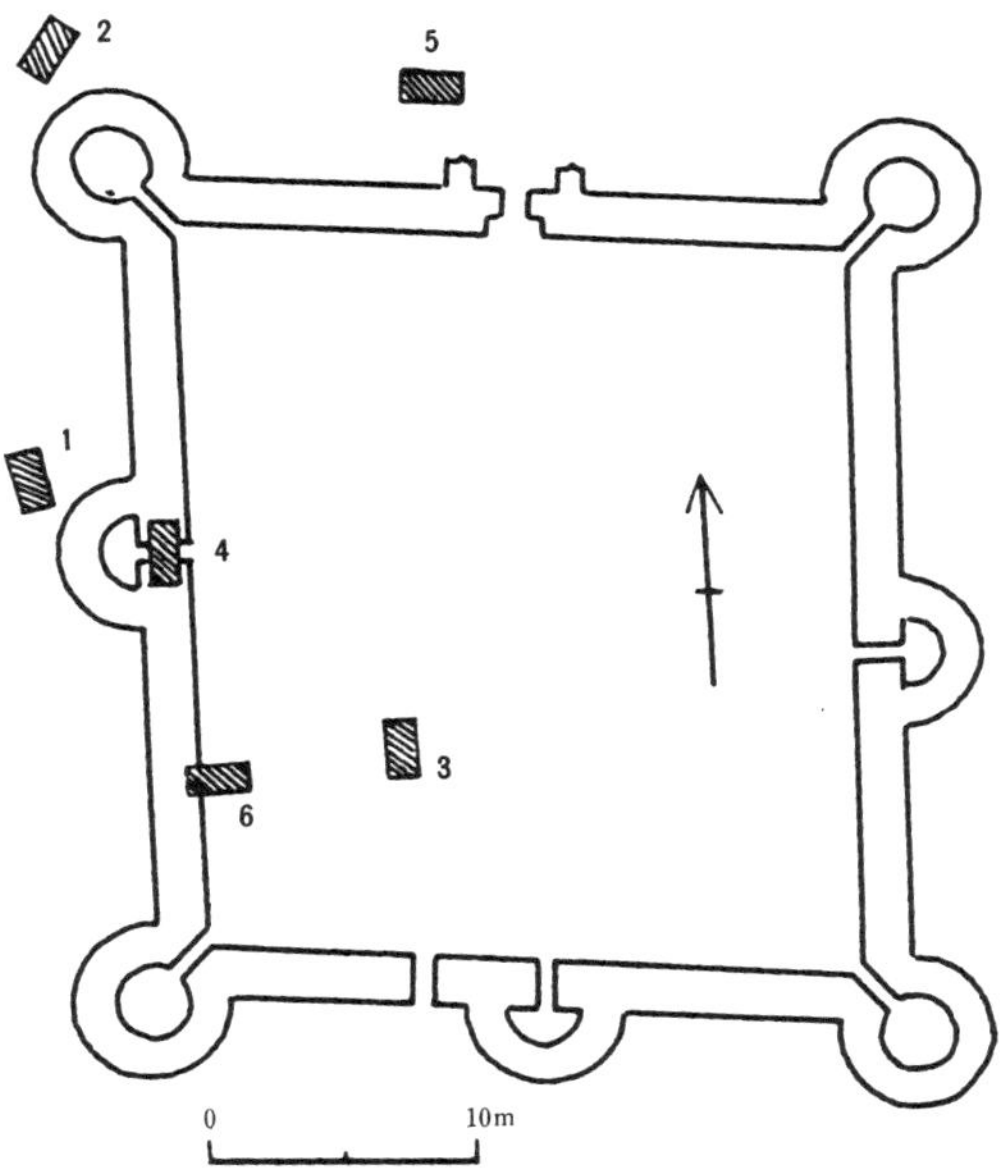

12…ティリア・テペ第一〜六号墓分布図

間的余裕のないまま埋め戻し、そのまま今日に至っている。なおティリア・テペの出土品は、すべてアフガニスタンのカーブル博物館に保管されたが、現在の状況は不明である。

◈第一号墓

マウンドの西端に位置し、長さ二・五メートル、幅一・三メートル、深さ二メートルの竪穴土坑墓で、遺骸は木棺に安置され、頭を北に向けた伸展葬である。木棺には蓋がなく、織物でくるまれていた。墓主は推定二五〜三五歳の女性。木棺はすでに腐ってしまったが、棺材をとめていた鉄製の鋲六個と鉄釘とが残った。出土した黄金細工の大部分は服飾品である。ほかの墓とくらべるとやや少ない。服装は筒袖の長い上衣にズボンをはいた姿に復元されている。左手には単純なデザインの指環をはめ、よく使いこなされている。同じデザインの指環が第三号墓の女性にもはめられており、発掘者は近親者同士ではないかと推定している。副葬品は主として化粧道具で、左膝近くの編籠の中に納められていた。

◈第二号墓（挿図13）

マウンドの西北端から見つかった。長さ二・五メートル、幅一・三メートル、深さ二メートルの竪穴土坑墓である。挿図13の断面図からわかるように、木材の朽ちた暗褐色の薄い層が墓口の両端から中央に落ち込んでいた。これは墓の天井として薄い板が並べられていたことを示す。墓主は推定三〇～四〇歳の女性。この女性のあごには、細長い黄金薄片のあごあてが着けられていた。死者にあごあてを施すことは、第三、四、五、六号墓でも見られた。この女性の黄金服飾品は豪華である。まず、こめかみを飾る一対の黄金垂飾、そのデザインは王者が有翼の動物(龍)を両側に支え持つもので、トルコ石の象眼が施される。S字形に身体をよじる動物の姿はスキタイ風文様である。次いで一対の襟留金具、デザインはイルカに乗った少年。胸もとのペンダントは

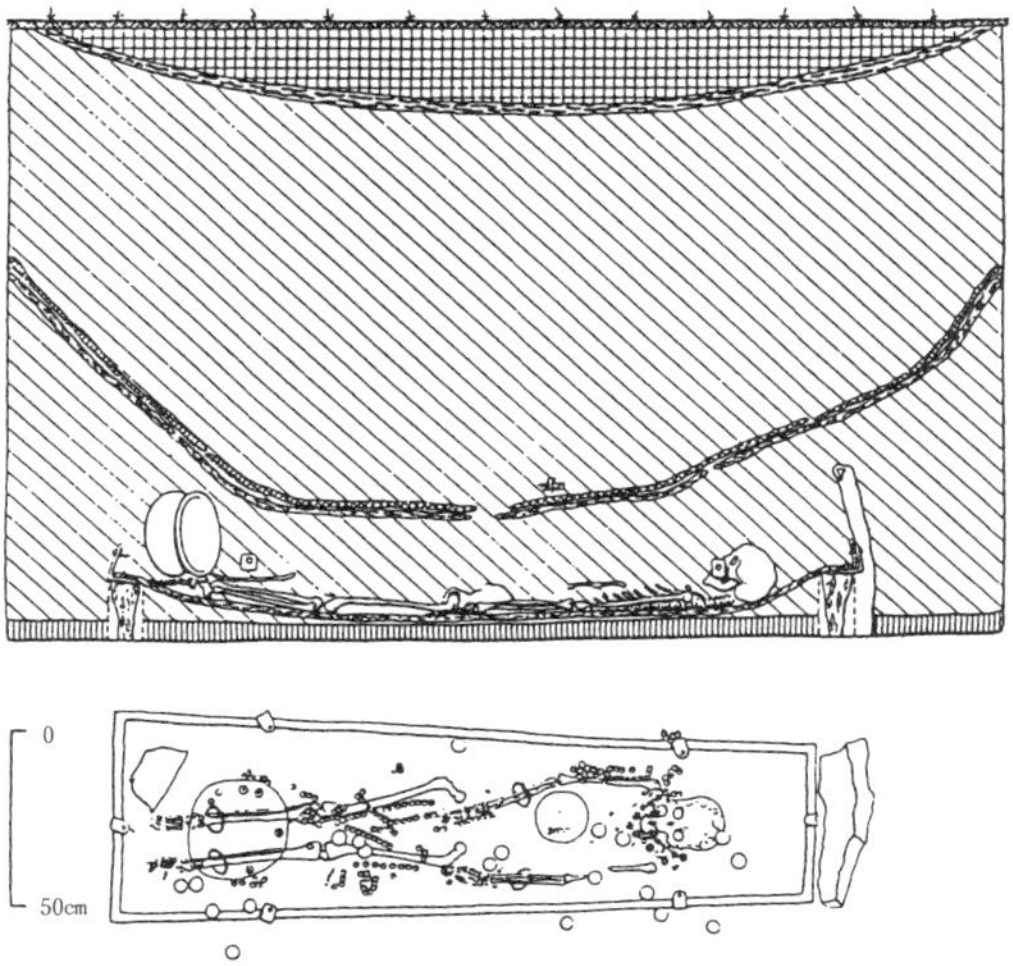

13…ティリア・テペ第二号墓
断面と平面図、復元女性像(Sarianidi, 1989による)

半裸の女神アフロディテをかたどっている。両腕には両端を獣首（アンテロープの頭）にかたどった腕環、両足首には足環を着ける。黄金の腕環一対、足環一対の重さはそれぞれ五〇七・五グラムと六二三・九グラムとである。指環は左手に二個、右手に一個、左手の一つには女神像を彫り、ギリシア文字でアテネ神の名が刻まれていた。

副葬品としては、死者の足もとに銀製の鉢（口径二五センチメートル、高さ九・五センチメートル）と籠があり、胸の上に前漢時代の中国製銅鏡一面（漢字銘三四文字を持つ連弧文清白鏡、直径一七・五センチメートル）が置かれていた。なお、同じ中国製銅鏡は第三、六号墓の女性にも副葬されていた。

◈第三号墓（挿図14）

マウンドの頂上付近で見つかった。墓坑は建物の壁と直交するかたちで掘り込まれていた。第二号墓と同じように墓坑天井板の痕跡が認められたが、さらにここでは天井板の上下を黄金装飾の付いた獣皮がおおっていた痕跡があった。竪穴土坑は長さ二・六メートル、幅一・五メートル、深さ一・五メートル、木棺は長さ二メートル、幅〇・六五メートル、高さ〇・四～〇・五メートルであった。墓主は推定一八～二五歳の女性。この墓だけが野ネズミにくいあらされて、遺物が原位置から移動していた。この女性は黄金の鉢（口径一九・七センチメートル、高さ二・五センチメートル、三〇五グラム）を枕としていた。同様な例は第四号墓の男性、第六号墓の女性でも観察された。この死者のあごあては長さ三六・三センチメートル、幅四〜三センチメートル、二七・七グラムの黄金薄片であった。ほかの墓主と違って足の裏にあてた一対の足形黄金薄片(長さ二二・五センチメートル、幅八・七センチメートル、四七グラム)があった。

この女性の胸もとから襟留金具が三個見つかった。少なくとも三枚の着衣を着けていたことがわかる。一つは第二号墓のそれに似たイルカに乗る少年のデザインの金具一対、もう一つは長方形の重厚なもので、盾と槍を持った戦士を透かし彫りにし、左右の金具の戦士が向かいあうよう

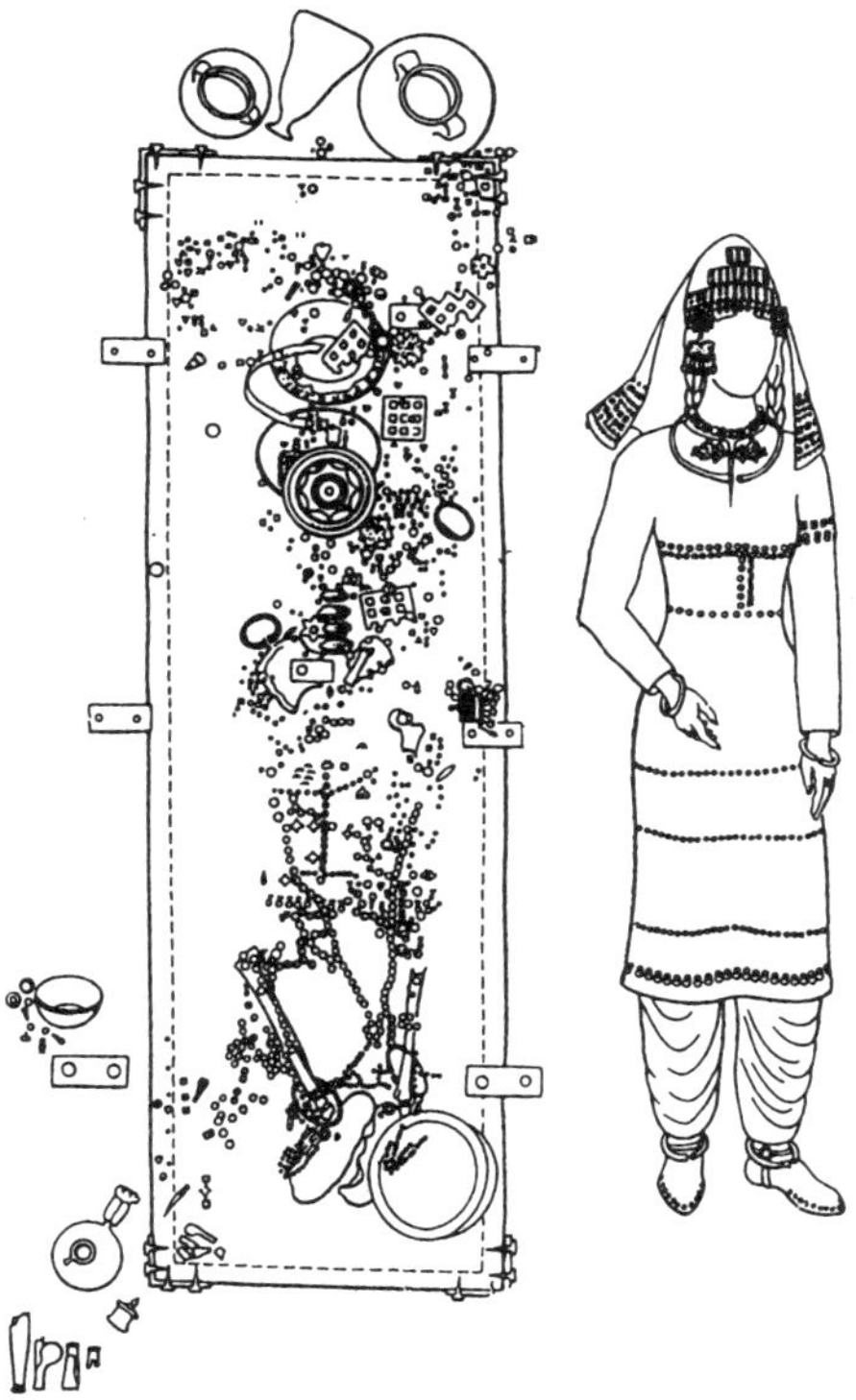

14…ティリア・テペ第三号墓平面図、復元女性像(Sarianidi, 1989による)

に組みあわされている。最後のものは竪琴をかたどった小さなもの。いずれも金具に付いた鈎と環とで留める。頸には大きな重い黄金の首環一輪(全長六四センチメートル、七六五グラム)、腕に一対の腕環(各二九〇グラム)、指環を三個着ける。足もとに靴留金具が一セットあったが、これは第四号墓のものほど豪華ではない。

副葬品としては、第二号墓のものと同種の中国鏡一面が死者の胸の上に、西方起源の把手付きの銅鏡一面(径一二・三センチメートル)が足もと、棺外に置かれていた。鏡の柄には象牙細工が付けられている。同種の柄鏡は第四、五号墓にも副葬されていた。そのほか、インド製の象牙の櫛、足もとには大きな銀製鉢(口径二二・五センチメートル、高さ一三・五センチメートル)、頭側の棺外には両把手付きの大小の壺(アンフォラ)と台付き杯(ゴブレット)の土器三個があった。なおこの墓からは貨幣が二枚発見された(挿図15)。一つはパルティア銀貨(ミトリダテス二世、在位前一二三〜前八八/七、径二・二センチメートル、三・四グラム)で、死者の腰の骨のところで見つかった。手に握られていたものと思える。もう一つはローマ・アウレウス金貨(ティベリウス皇帝、発行、後一六〜二一年、径一・九センチメートル、七・七七グラム)で、足もとの銀製鉢の下にあった。このローマ金貨が今のところ、ティリア・テペの遺物の中でいちばん新しい年代を示す、確実な材料である。

◈**第四号墓**（挿図16）

神殿西壁の中ほど、壁と並行して、壁体に掘り込まれていた。竪穴土坑は、長さ二・七メートル、幅一・三メートル、深さ一・八メートル。墓坑の北端、当時の地表から深さ三〇〜四〇センチメートルのところにウマの頭骨と若干の小骨が見つかった。これは六個の墓を通して見られた唯一の葬送儀礼の痕跡である。墓にウマを殉葬させた習俗はスキタイやアルタイの遊牧民族の墓に多く見られ、またウマの頭骨（複数）を供えることは、最近中国オルドス地方の匈奴墓に多くの発見例があり、興味を惹く。墓の構造は他の墓とほぼ同じである。墓坑の底に皮を敷き、高さ五センチメートルほどの枕木を置き、その上に木棺（長さ二二五センチメートル、幅七〇センチメートル、高さ七五センチメートル）を置いた。木棺には蓋があったかどうか不明であるが、幾重かの皮

15…ティリア・テペ第三号墓出土貨幣（Sarianidi, 1985による）

ローマ金貨

パルティア銀貨

でおおい、三ヵ所を鉄のベルトで締めていた。

さて、墓主は身長二メートルに近い大きな男性で、推定年齢は約三〇歳。黄金の鉢(口径二三センチメートル、高さ四・〇センチメートル、六三八グラム)を枕とし、二重の黄金薄片のあごあてを着けていた。この墓の出土品中の圧巻は黄金腰帯(ベルト)である。長さ九七・六センチメートル、重さ八四〇グラム、九個の円形装飾(径四・〇センチメートル)を金鎖の帯(幅二センチメートル)でつないだものである。円形装飾のデザインはライオンの背に横乗りした人物像を高浮彫にしたものである。死者の左脇には、一振りの長い鉄剣と黄金製の短剣鞘(長さ二六・〇センチメートル)があり、鞘の表側には一本の鉄剣、裏側には二本の鉄製小刀が差し込まれていた。鞘の中央文様帯は、トラがうしろからシカに咬みつく姿を表現しており、スキタイ風動物闘争文といえる(挿図17)。死者の右側にも一本の黄金製短剣鞘(長さ三七・五センチメートル)があり、鉄製の短剣を納める。そのほかに武器としては、棺外の頭側に弓と矢筒がそれぞれ二個置かれていた。矢筒には三翼形鉄鏃が一〇個見つかった。

ところで第四号墓男性の服装はどのようなものであったか。その決め手の一つになるものに、両足の踝のところから発見された一対の靴留金具がある。馬車に乗る人物を透かし彫りした円形金具(径五・五センチメートル)である。このような靴留金具はズボンの裾をブーツに入れ込み、革靴の上から紐で上下左右に締めるときに使用する。しかし発掘者は始め「龍を支え持つ王者」の垂飾の人物像を参照して、短い上衣(半カフタン)に長いスカートをはく姿に復元した。私は靴留金具の存在から再考の余地があると考えていたが、その後スカートではなく、ズボンをはく姿に修正復元された。私はこの方に賛成したい。これで、ガンダーラやインドの彫像において、クシャン人の服装として明らかにされてきたものに近づいた。

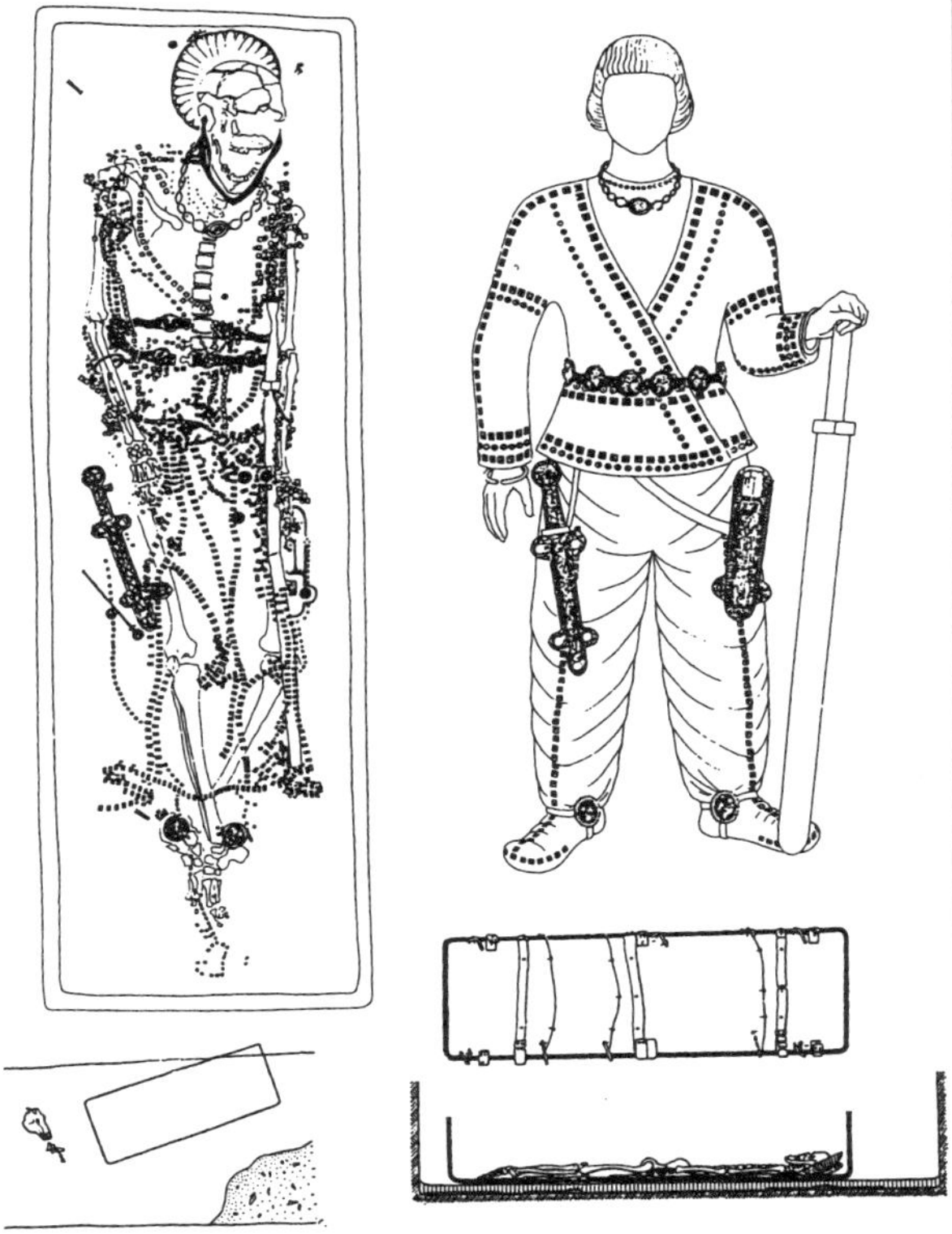

16…ティリア・テペ第四号墓馬頭骨、木棺、復元男性像（Sarianidi, 1989による）

死者の胸のあたりから金貨が一枚見つかった（径一・六センチメートル、四・三三グラム、挿図17）。カロシュティ文字銘があり、インド系の貨幣と思われるが、このようなデザインの貨幣の発見例はこれまでに一度もない。G・フスマンはカロシュティ銘を「法輪を転ずる者dharmacakrapravatako」（表面）、「恐怖を滅しさったライオンsihovigatabhayo」（裏面）と読み、車輪を転じているヘラクレス風人物およびライオンはいずれもシャキャムニ・ブッダを指すもので、ブッダに対する象徴的表現から人間的表現に移る過渡期の作品と考えている。ヒンドゥクシュ南北およびインド地域に金貨が使用されるのは、クシャン王朝に始まるから、その直前の試作品の一つかと思う。発行者、製作地が問題である。

◈第五号墓

マウンドの北斜面で発見された。長さ二・一メートル、幅〇・八〇メートル、深さ一・六五メートルの竪穴土坑墓。他の墓と違って鉄製の鋌が一つも見つからず、丸木をくりぬいた棺に埋葬されたと思われる。棺の蓋はなく、銀製の小円板とブドウ葉形を縫いつけた織物か獣皮で包まれていた。これまでの墓では頭が北向きであったのに対し、西向きに変わった。伸展葬であることは変わらない。推定一五～二〇歳の女性。六個の墓の中では出土遺物の数がいちばん少なかった。しかし黄金薄片のあごてがあり、各種の垂飾を組みあわせた豪華な首飾りや黄金製足環一対（三〇六・七八グラム）を身に着け、象牙の把手の付いた柄鏡（径一五センチメートル）、銀製の鉢

（口径一七センチメートル、高さ一〇センチメートル）などが副葬されており、やはり手厚い埋葬であった。

◈**第六号墓**（挿図18、19）

神殿西壁の内側に接近したところから見つかった。墓群の中ではいちばん南に位置する。墓坑は二段に掘り込まれており、深さは二メートルある。始めに長さ二・五メートル、幅二・五メー

17…ティリア・テペ第四号墓

上――短剣黄金鞘（長 26cm）
下――インド金貨（径 1.6cm、4.33g）

トルの、少し大きめの墓坑を一メートルの深さにまで掘り、次いで長さ二・五メートル、幅一・二メートルに縮小してさらに一メートル掘り下げる。底の一部にレンガを敷き、その上に木棺を安置する。木棺は長さ二メートル、幅〇・五メートル、高さ四〇センチメートル、頭を西に向けた伸展葬である。推定二五〜三〇歳の女性。この墓主は他の女性の墓より装身具が一段と豪華で、手厚く埋葬されている。浅い銀製の鉢(口径二二センチメートル、高さ三・五センチメートル)を枕とし、あごあてを着ける。

頭には高い歩揺金冠(二二四グラム)を着け、こめかみには一対の黄金垂飾を着ける。女神が両手に大魚をさかさまに釣り上げているデザインである。大きな襟留金具があり、ライオンに乗る男女を表現する(高さ六・五センチメートル、幅七・〇センチメートル、一対九七・二七グラム)。首飾と胸飾が三本、胸の中央には有翼女神(アフロディテ)を打ち出したペンダントが着く。手首には両端を獣頭にかたどった黄金腕環(一対一五〇グラム)があり、足には素文の足環(一対二四三・三グラム)がある。左手に宝石をはめた指環、右手に短い儀杖(長さ三五センチメートル)を持つ。

副葬品としては、死者の胸のところに第二、三号墓と同種の中国鏡一面(径一七・〇センチメートル)があり、足もとには一面の柄鏡(径一四・五センチメートル)と大きな銀製の鉢(口径一三センチメートル、高さ九・〇センチメートル)が並んで置かれていた。棺外の側面には二個のローマン・グラス小壺(高さ一〇センチメートルと五センチメートル)と化粧用具を入れた編籠とが置かれていた。この墓からも二枚の貨幣が発見された。一つはパルティア金貨(フラーテス三世、在位前七〇〜前五

七、径一・八センチメートル、三・三五グラム）で、死者の左手の中に、他の一枚はパルティア銀貨（フラーテス四世、在位前三八〜前三二）で、死者の口の中から見つかった。死者の口に貨幣を含ませる習俗については、後節で改めて考える。

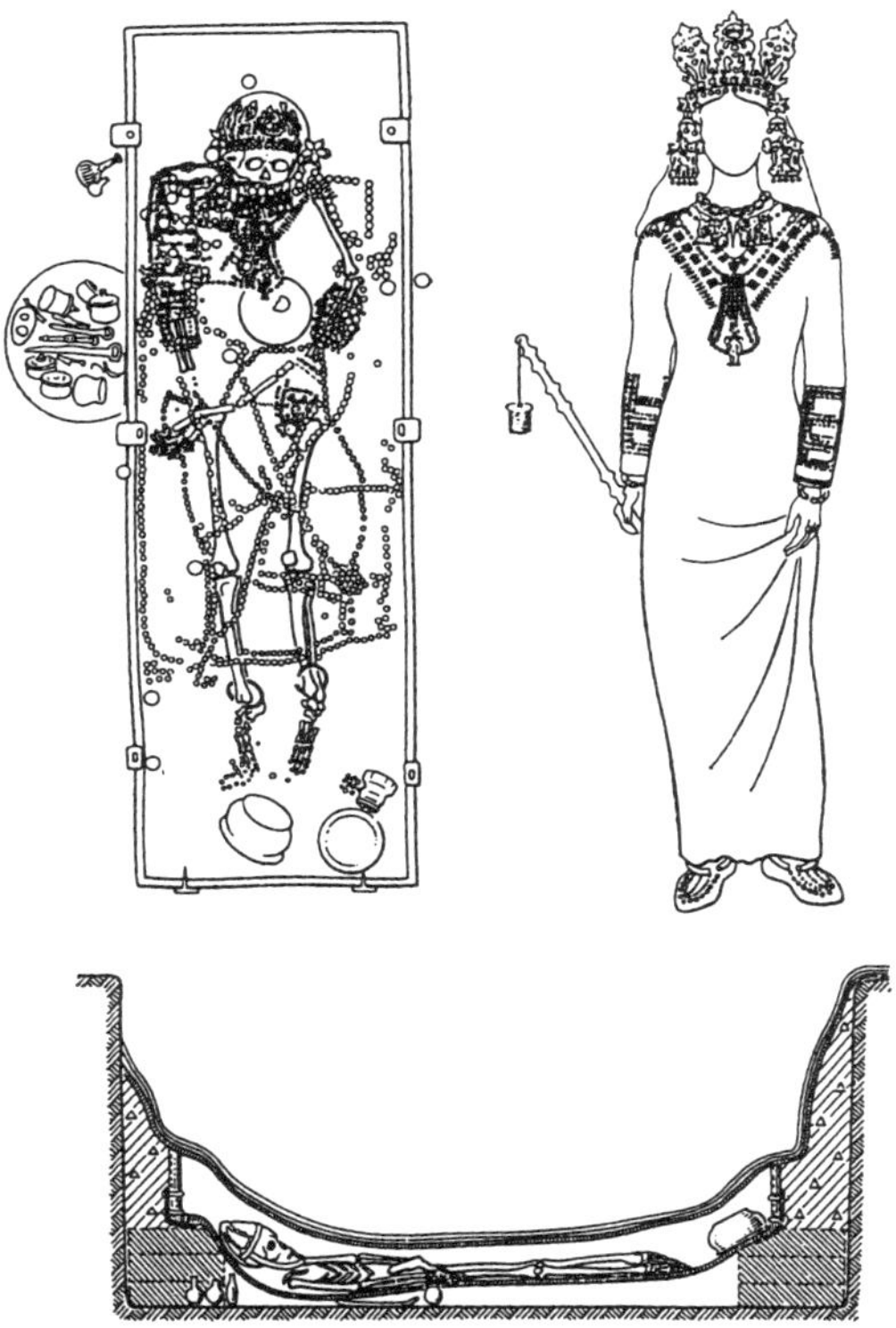

18…ティリア・テペ第六号墓断面と平面図、復元女性像（Sarianidi, 1989による）

◈墓葬の年代

ティリア・テペ墓の年代は第四号墓出土のローマ皇帝ティベリウス金貨（後一六〜二一年に打刻）から後一世紀の二〇〜三〇年代と推定される。六個の墓葬相互の間には、年代差がほとんど感じられない。私は族長クラスの第四号墓男性と、その死にさいし殉死した夫人たちの墓ではないかと想像する。それはともかく、年代的にはまさにクシャン王朝勃興直前の墓葬である。出土品中にはローマの金貨、ガラス器、青銅製柄鏡、パルティアの金銀貨、インドの象牙細工、中国製青銅鏡があり、そのほか今は残存しない皮革製品、絹織物なども存在したに違いなく、国際色豊かであった。ティリア・テペの墓主たちが、当時発展しつつあったシルク・ロード貿易になんらかのかたちでかかわりがなければ、考えられない現象である。出土品中もっとも数多い黄金細工は、発掘者サリアニディが言うように地元バクトリア地方の製品であろう。トルコ石が黄金細工の象眼にふんだんに使用されていた。その経済的豊かさの背景にもシルク・ロード貿易の繁栄があろう。五翕侯の一つであったクシャン族はこのような状況の中から勃興したと思われる。まず同族勢力を統合し、さらにシルク・ロード沿いにその勢力を拡大していった。とりわけヒンドゥクシュを越えてインドに侵入したのは、ローマ帝国の商人たちとの海上交易を掌握する目的があった。後一世紀の中頃から、ローマ商人はヒッパロスの風を利用してインド洋を横断し、直接インドに寄港するようになったからである。こうしてクシャン王朝は中央アジア、インドを根拠に、漢、ローマ両帝国間の東西貿易を仲介する文字どおりのシルク・ロード大国に発展したので

19…ティリア・テペ第六号墓（Sarianidi, 1985による）

上——中国鏡（連弧文清白鏡、径 17cm）
下右——青銅柄鏡（高 24cm）
下左——ガラス瓶 2 個（高 10cm、5cm）

ある。

アフガニスタン北部にあった五翕侯は、『漢書』西域伝に記載する中国側からの距離数から見ると、中国に近い順に休密、双靡、貴霜、肸頓、高附と並んでいたらしい。ティリア・テペの位置からすると、ティリア・テペの墓主はもっとも西寄りの翕侯に属した可能性がある。かりにティリア・テペの墓主がクシャン翕侯そのものでなくとも、ティリア・テペの遺宝は勃興直前のクシャン族の姿と、かれらを取り巻く当時の環境をほうふつとさせる貴重な新出資料であった。

◈墓主の服装

ティリア・テペの遺宝には、クシャン人との結びつきを考える上で、重要な手がかりがある。まず墓主たちの服装である。ティリア・テペの発掘者は、狭い墓坑の中で、幾重にも重なって出土する黄金装飾品を、ひとつひとつ確認し、その位置を測量図の中に記入しながら取り上げていった。厳寒の中、忍耐を要する作業であった。ティリア・テペ墓主たちの服装復元はその観察記録に基づくものであるが、それだけでは正確に復元するのはむずかしく、最終的に復元モデルに選ばれたのは、スルフ・コタル出土のカニシュカ王像やガンダーラ彫刻に表現されるクシャン人供養者の姿であったと思われる。かれらはズボンをはき、筒袖の上着を着け、男性は腰にベルトを着け、それに短剣を吊り下げた、いわゆるスキタイ人風の服装であった。

◈死者の口に貨幣を含ませる習俗

次いで取り上げたいのはティリア・テペの墓中から見つかった五枚の貨幣である。先に触れたように第三号墓からローマ・アウレウス金貨が死者の足もとに、パルティア銀貨が死者の手中に、第四号墓からカロシュティ銘金貨が死者の胸上に、第六号墓からパルティア金貨一枚が死者の左手中に、そしてパルティア銀貨一枚が死者の口の中から発見された。そのうち死者の口の中に貨幣を含ませたり、手中に握らせて埋葬することは特異な現象であり、人びとの間に死後の世界に対する独特の宗教観があったことを示唆する。発掘者サリアニディらもこの事実に早くから気づき、古代ギリシアのカロン・オボル Charon's Obol と関係づけて説明した。古代ギリシア、ローマでは人が死ぬと、舌の下に一枚のオボル（小銀貨）を差し入れる。それは死者がスティクス河を渡り冥界 Hades へ赴くとき、渡し守のカロンに支払えるように考えたものである。

中央アジアで死者の口中に貨幣が含まされて発見された例は、ティリア・テペが初めてではない。すでに旧ソ連領中央アジアでは、いくつかの遺跡で知られており、時代は前一世紀からその後数世紀にわたっている。この習俗は中央アジアにおいて、ある時期、広範囲に存在したといえる。その上、さらに私の関心を惹いたのは、死者の口に貨幣を含ませて埋葬する習俗がインドの仏典中にも言及されていることである。それについて二種の漢訳経典が現存する。経典内容が中国的に潤色された『六度集経』第六八話とサンスクリット原典により近いと思える『大荘厳論経』第一五話であり、ここでは後者を取り上げて検討したい。以下にその説話を翻訳する。

私はむかしこのように聞いた。一人の国王がおり、名前をナンダ（難陀）といった。そのとき国王は珍宝をことごとく集めて、死後の世界に持っていくことを考え、一人静かに思案した。「今より国中の珍宝をことごとく集め、一つも残らないようにしなければならない」と。財宝を集めることに執着するあまり、自分の娘の王女を売春楼に立たせ、侍従に次のように命じた。「もし誰か財宝を持参して、王女とひとときを過ごしたいと求めてきたなら、その財宝とともに男を自分のところに連れてまいれ」と。このようにして国中の金銀財宝をことごとく集めつくし、王庫にしまいこんだ。

そのとき一人の寡婦がおり、一人息子の青年をたいそうかわいがり、成長を楽しみにして暮らしていた。ところが青年は王女のふるまいの上品さ、容貌のたぐいまれな美しさにすっかり魅せられ、恋するようになった。気持ちを伝えようにも家には財産もなく、ついに病床に伏し、身体はやせおとろえ、気息奄々のありさまとなった。母は青年に問うた。「おまえはなにをそんなに思い悩んでいるのか」と。青年は母親に悩みを残らずうちあけた。「もし私が王女と親しくできないなら、きっと死んでしまいます」。母の言うには、「国中で銭宝という銭宝はなに一つ残っていない。どこで財宝を得たらよいものか」と。母親はなおも思案を続けていると、はっと思いついた。「おまえの父が死んだとき、口の中に一枚の金貨を入れた。おまえは墓をあばいてあの金貨を取り出せばよい」。青年は母の言うとおりに父の墓に出かけ、墓を掘って、口から金貨を取り出すことができた。金貨を手にするや、さっそく王女のところに出かけた。王女はこの男を金貨といっしょに国王のもとに連れていかせた。国王は金貨を見終わると、男に向かって言った。「国中の金銀財宝は一つ残らず王庫に入れた。それだのにおまえはどこで金貨を手に入れたのか。きっと今まで隠匿していたに違いない。種々拷問して白状させよう」と。男は国王に申し上げた。「けっして地中に隠匿していたのではありません。私の母が父の死んだときに、口の中に金貨を入れたと教えてくれました。それで私は墓をあばいて金貨を手に入れたのです」。国王は人を派遣して、男の言うのがほんとうなのか実地に検分させた。使者は墓地に赴き調査してみると、はたして遺骸の口から貨幣を取り出した形跡があり、男の言うことに間違いなかった。国王は使者の報告を聞き終わると、一人深く考え込んだ。「自分は先に金銀財宝をことごとく集め、それらを携えて死後の世界へ赴こうと望んだ。しかしあの男の父は一枚の金貨すらなお持っていくことができなかった。まして多くの宝物をや」と。そして次のような偈句（同じ内容を韻文で繰り返す）を唱えた。……

そのとき、国王の側近に聡明で機敏な宰相がいた。国王の心境を察して次のように申し上げた。「国王よ、あなたの考えるところはまことに道理にかなっています。もし死後の世界で生まれ変わることがあれば、確かに財宝が必要です。しかし現世の珍宝からゾウ、ウマに至るまで、それらを携えて死後の世界に赴くことはできないのです。なぜなら国王の現世の身体すら、そのままの姿で死後の世界に至ることができないからです。まして財宝、ゾウ、ウマなど不可能なことです。しかし、なんらかの方法でこれらの珍宝を死後の世界に持っていくことができるとすれば、それはただ沙門(出家者)やバラモン、貧乏な人びとに施し与え、その修善の報いのみが、死後の世界においてその人の助けとなることができます」と。……さらにことばを続けて言うには、「人が死に臨むと、息があらくなり、のど、舌がからからに乾き、水を飲みくだすことも、ことばを発することもできなくなります。目はうつろとなり、肉体の力も失せます。筋、骨がまるで解体されたかのようになり、関節はゆるみ、手足は動かず、身動きができなくなります。身体全体が針、刺でさされるかのようにきりきりと痛みます。いよいよ寿命が尽きようとするとき、目の前に大きな暗やみが現われ、深い坑の中に落ちていくかのようになります。ただ一人荒野をさまよい、道づれはありません。ただ生前の修善、功徳のみが親しい伴侶となってその人の身を護ってくれます。もし人が死後の世界のためを思うならば、すみやかに善行と功徳を修める必要があります」と。……

以上が経典の内容である。なお冒頭には主題を要約する次のような短文が付く。
「人が寿命を終えようとするとき、財宝を持って死後の世界に行こうと望んでも、それはしょせんかなわぬこと。ただ布施を行なうことによって得るあらゆる功徳は例外である。死後の世界で困窮することを恐れるならば、努めて布施の善行を修めよ」。

この説話の舞台は古代インドである。ナンダ(難陀)という国王の名前はインドでごくありふれたものであり、とくに実在の人物を指すとも思えない。仏教徒の創作したフィクションであろう。『大荘厳論経』一五巻は、上のような説話を全部で九〇話集めている。著者については、漢訳経典では馬鳴Aśvaghoṣaとするが、今世紀初、中央アジアで発見されたサンスクリット・テキストの断片では、著者がKumāralāta(童受)とされており、このくいちがいが学界の大きな論争のまととなった。アシュヴァゴーシャ(馬鳴)は後二世紀、カニシュカ王と同時代のインドの有名な詩人、作家であり、クマーララータ(童受)は三世紀のタキシラの論師である。ともかく原作がインドないしタキシラを含めたガンダーラ地方で成立したことには疑いない。

後一世紀の後半、クシャン人たちがアフガニスタン北部の原住地から、ヒンドゥクシュ山脈を越えてガンダーラ、インドへ侵入してきたとき、土着の仏教徒たちは、かれらに対して仏教への改宗、少なくとも仏教擁護の約束を取りつける必要に迫られたに違いない。異教徒クシャン人たちに仏教の輪廻や因果応報の思想をわかりやすく説明するにはどうしたらよいか。上記の説話はちょうどそうした状況の中で、仏教徒たちによって創作され、語られたのではないか。ティリア・テペ墓のように金銀財宝を墓の中に副葬し、死者の口の中に貨幣を含ませて埋葬する習俗に慣れ親しんでいたクシャン人たちにとって、この説話はまるでわが身のことのように聞かれたのではないか。この説話はいわば仏教徒と新来のクシャン人との対話であった。

仏教徒たちのこのような努力はある程度成功を収めたかに見える。インドやガンダーラでは、クシャン時代になると、たくさんの仏教寺院が新たに建立され、おびただしい仏像彫刻が製作され、寺院に奉納されたからである。シルク・ロード貿易の仲介で蓄えたクシャン人の金銀財宝は、もはや墓の中ではなく、来世の至福を願って仏教寺院へと多くが寄進されたのである。

◈ダルヴェルジン・テペ

北方の山岳地帯から流れ出て、アム・ダリアに注ぐ支流には、東からスルハン・ダリア Surkhan-Darya、カフィルニガン Kafirnigan、ワフシュ Vakhsh、キジル・スウ Qizil Su があり、とりわけスルハン・ダリアの流域は幅広く肥沃であり、多くの遺跡が存在する。その河口に位置するテルメズは、古来アム・ダリアの渡河地点として交通の要所を占め、現在もウズベキスタン、スルハン・ダリア州の州都である。このスルハン・ダリア中流域に位置するダルヴェルジン・テペとハルチャヤン遺跡を発掘調査したウズベキスタンの考古学者G・A・プガチェンコワ G. A. Pugachenkova は大月氏の王庭およびクシャン(貴霜)翕侯の都城がそこにあったと主張した。ダルヴェルジン・テペは一九六〇～六一年に初めて調査がなされた。遺跡は城壁をめぐらされた都城址であり、東南部に小高い内城(直径一七〇～二〇〇メートル)があり、その北に長方形の市街地(六五〇×五〇〇メートル)が広がる。一九六二年からウズベキスタンのハムザ記念芸術学研究所教授プガチェンコワやB・A・トゥルグノフ B. A. Turgunov らの手で本格的発掘調査が開始され、遺跡の付近に常設の発掘宿舎も設営された。一九七四年までの調査成果は『ダルヴェルジン・テペ

（ロシア語）』（タシュケント、一九七八）、および『ダルヴェルジン・テペの遺宝（フランス語）』（レニングラード、一九七八）として出版された。一九七二年に市街地（DT・5、6）の商人の家床下から多数の金延板や金細工、総量三六キログラムが壺に入れられて発見されており、その内容も詳しく報告されている。

プガチェンコワらの調査によると、内城の建設は前三～前二世紀のギリシア・バクトリア時代に遡り、北の市街地は前一～後一世紀頃に、大月氏の王庭とクシャン（貴霜）翕侯の都城として拡大したと考える。しかし市街地の遺跡の大部分は下層にクシャン王朝盛期の工房、住居（商人宅とその遺宝など）、上層にクシャン王朝後期あるいはクシャノ・ササン（三～四世紀にクシャン朝を滅ぼしたササン朝が置いた地方政権）時代の仏教寺院、ゾロアストラ教（イスラム以前のペルシアの宗教。拝火教）神殿、住居址などである。最上層には土着チャガン（赤鄂衍那）国時代の遺構、後世の墓地があるが、チャガン国の都城そのものはすでに別の場所、北方のブドラッチ遺跡に移っていたと思われる。

◈ハルチャヤン神殿

ハルチャヤン遺跡はダルヴェルジン・テペから北方へ三〇キロメートル、現在のデナウの町の東北一〇キロメートル、スルハン・ダリアの右岸にある。宮殿址の発見は偶然のことであった。一九六一年、プガチェンコワとトゥルグノフらがハルチャヤン付近の大小のテペの分布調査を実施した。そのとき、ちょうどその中の一つの小さなテペがトラクター修理工場敷地として削平されることになり、緊急の発掘を行なった。長方形プランの日干レンガ建物（三五×二六メートル）が検出された。正面入口に六個の礎石が一列に並んだ前室（一七・六×六・一メートル）と、その背後に中央広間（一八×六・五メートル）、さらに奥に礎石二個を配置した内陣（七・四×六・二メートル）があった。中央広間を中心としたところから、おびただしい量の泥土塑像が発見された。それらの塑像はもと広間の壁面上方（高さ二メートル）に張りつけられていた。発掘者の復元によると、まず奥壁中央に支配者とその夫人が玉座に腰かけ、その左右に親族や貴族の姿があった。その向かって左壁には四人の騎馬兵が弓を引き、槍を構えて突進する姿、右壁には武装して腰かける支配者と武人五人の姿、末端に馬車を駆けさせる女神があった。この群像の上方、天井までの五〇センチメートルの空間にはガーランド（花縄）のフリーズが付いていた。正面以外の周壁にも塑像が存在したと思われるが、よく保存されていなかった。奥の内陣には塑像も壁画もなく、スルフ・コタル神殿のように柱の間に拝火壇が設けられていたと思われる。また内陣の左右には隔離された部屋、通路があり、祭祀用具、宝物の倉庫であり、建物は全体として宮殿というより宗教的性格のものであろう。

プガチェンコワはハルチャヤンの塑像の頭部がクシャン（貴霜）翕侯ヘラウスの銀貨に刻まれた王像とよく類似することから、この建物がヘラウス王の一族を祀ったクシャン王朝の神殿と考えた。そしてダルヴェルジン・テペがクシャン王朝の都城址であるとすれば、ハルチャヤン遺跡はクシャン王の離宮であると主張した。

◈ヘラウス銀貨

アム・ダリア流域で出土するヘラウス銀貨は不思議な貨幣である。良質のものは重さ平均一五・五グラム、なおギリシア・バクトリア銀貨のテトラ・ドラフムの基準を保ち、表面に右向きの王の胸像、裏面は騎馬像、その周縁にギリシア文字で「支配者のヘラウス、クシャン族、セナブ(Tyrannoyntos Hiaoy Koshanoy Senab)」と刻む。最後の文字Senabをかつてはkaと読み、サカ=塞の実在を裏づける根拠の一つに使用されたことがあったが、今はSakaと読むことは放棄されている。クシャン王朝はローマ帝国と交渉を持ち、銀貨の代わりに金貨を発行しはじめたから、この銀貨はクシャン王朝の貨幣より古い様式であり、王朝成立以前のクシャン(貴霜)翕侯の一人、ヘラウスあるいはヘライオスと呼ばれた支配者の発行した貨幣であると考えられる(挿図8上段)。

確かにヘラウスの胸像とハルチャヤンの塑像頭部とは似ているところがある。髭をたくわえ、長い頭髪を額でバンダナで縛るやりかたである。しかしハルチャヤンの塑像がヘラウス一族のものであるとするには、なお年代、地域について多くの吟味が必要である。第一に、バンダナで頭髪を縛るのは、この地方の風習の一つで、ヘラウス以後にも続いていた可能性がある。玄奘三蔵がソグド人の風習として「繒彩(いろぎぬ)を額に巻く(繒彩絡額)」と記すのも同じ風習かもしれない。第二に、『史記』大宛伝に「大月氏が嬀水（オクサス河＝アム・ダリア）の北に本拠を定め、王庭とした（遂都嬀水北、為王庭）」というように、西移した大月氏がスルハン・ダリア流域に定着したことは十分可能性がある。しかし中国史料は大月氏五翕侯の位置は「嬀水の南」の大夏であったとする。したがってスルハン・ダリア流域に存在した可能性は薄い。第三に、重要な手がかりであるヘラウス銀貨がまだ一枚もハルチャヤン、ダルヴェルジン・テペから出土していない。ヘラウス銀貨の出土地は南はタキシラ、北はタシュケントにまで及び、今のところヘラウス銀貨の分布から貨幣の発行地がアム・ダリアの河北か河南か決定することはむずかしい。第四にハルチャヤン、ダルヴェルジン・テペ遺跡の絶対年代が必ずしも確定的ではない。今、両遺跡の文化層や出土土器、泥土塑像の年代は、ごく少数出土した貨幣を手がかりに前一世紀〜後一世紀と判断されているが、後二〜三世紀に下る可能性がある。

第六章

大月氏の足跡を尋ねて（1）

――スルハン・ダリア流域の遺跡

◈アム・ダリアの北岸

私は一九九六年九月、ダルヴェルジン・テペ遺跡を実際に訪れることができた。以下にその旅行の経緯、最近のダルヴェルジン・テペおよびその周辺遺跡の現状を報告してみたい。

かつて私は一九六〇～六五年の間、京都大学イラン・アフガニスタン・パキスタン学術調査隊（水野清一隊長）のメンバーとしてアフガニスタン北部で考古学調査に従事した。調査目的は仏教美術の源流を訪ねることであった。一九六〇年夏はハイバク仏教石窟の測量調査を行なった。ハイバクは一九九三年にバクトリア語碑文が発見されたラバタクとあまり離れていない（約四〇キロメートル）。一九六二～六五年はクンドゥズ東郊のドゥルマン・テペ Durman Tepe 遺跡を発掘した。クシャン時代の小神殿址であったが、不釣り合いに大きく立派な礎石が存在し、不思議に思っていたが、今から考えると、アイ・ハヌム遺跡から持ち出して再利用したものかもしれない。私はその発掘を通して初めて実際にクシャン時代の土器や貨幣に触れることができた。

その当時、私はまだ二〇歳代の若さであった。ちょうど同じ頃、アム・ダリアの河北では同世代のトゥルグノフ氏がプガチェンコワ教授のもとでスルハン・ダリア流域の遺跡分布調査、ならびにハルチャヤン、ダルヴェルジン・テペの発掘調査を開始していた。アム・ダリア流域の北側について考古学的関心はとても強かった。しかし当時の日本人、いなすべての外国人にとって旧ソ連領の中央アジアは禁断の地であった。東西世界を結ぶ歴史的交通路は、天山山脈の南を通れ

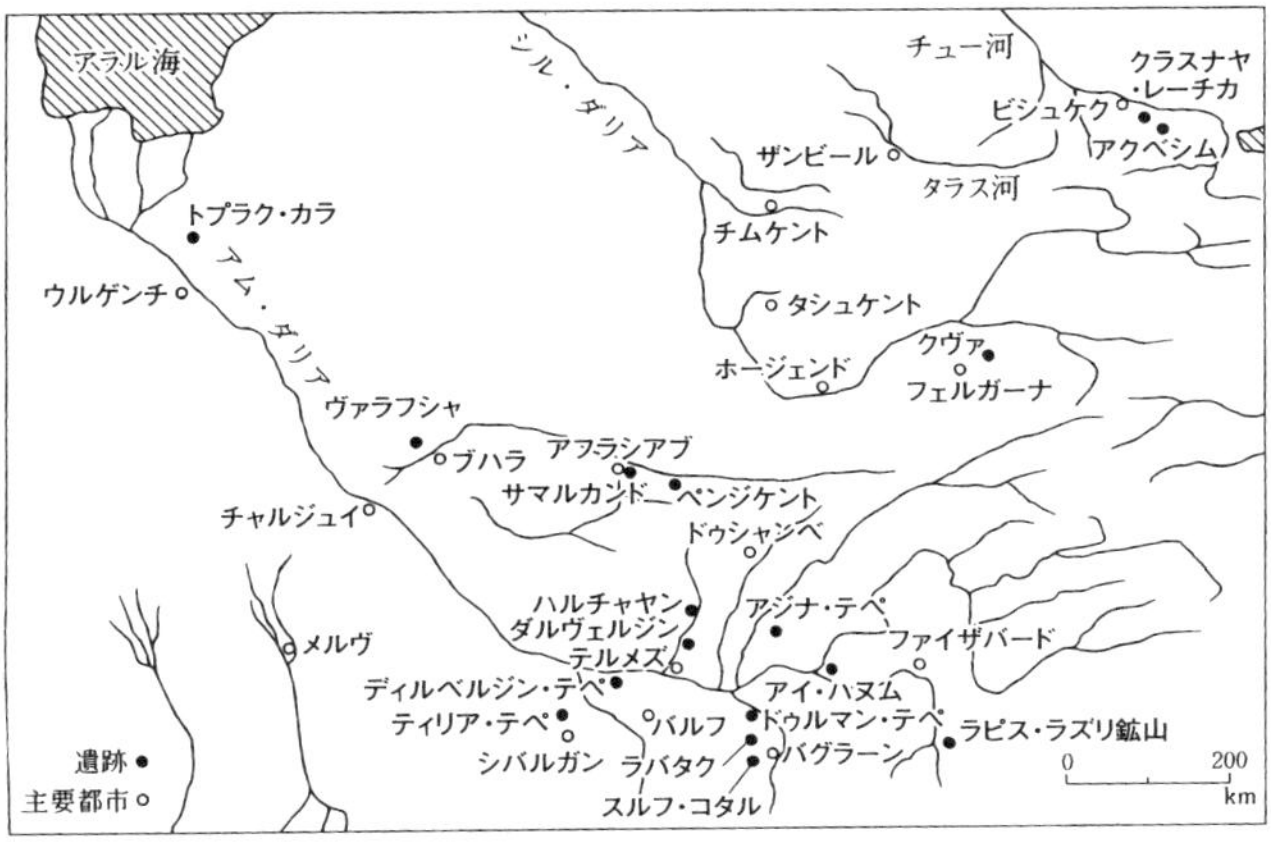

20…アム・ダリア、シル・ダリア流域の考古学遺跡

ば、現在の中国新疆ウイグル自治区に属し、天山山脈の北を通れば、旧ソ連領のカザフ、キルギス、ウズベク共和国に属した。当時の国際情勢では、とうてい私の生涯においてそれらの土地を実地に踏査できるとは信じられなかった。しかしまず中国が国際舞台へ復帰したのを契機に（一九七二）、徐々に開放に向かいはじめ、一九八三年に私も初めて中国を訪れ、雲岡石窟をはじめとする中国北部の仏教石窟を見学することができた。雲岡石窟に見られる西方様式の研究が日本調査隊を率いる水野清一教授の研究原点であった。その後、私は機会をとらえて麦積山石窟、炳霊寺石窟（甘粛省）、そしてキジル石窟（新疆ウイグル自治区）と徐々により西方の仏教石窟を見学していった。

一方、旧ソ連の情勢も変貌した。ペレストロイカとそれに続くソ連邦体制の崩壊（一九九一）で、中央アジア諸国もそれぞれ独立国家として歩みはじめた。そのような状況の変化の中で、最近ダルヴェルジン・テペの発掘調査に日本人研究者が参加するようになった。一九八九、九一、九三年には加藤九祚教授の率いる創価大学チームが、そして一九九五年からは毎年、田辺勝美教授の率いる金沢大学と古代オリエント博物館チームが、ハムザ芸術研究所教授B・A・トゥルグノフの率いるウズベキスタン・チームと共同して発掘調査にあたっている。そのような機会に私もダルヴェルジン・テペの見学を第一の目標とし、旧ソ連領の中央アジアの個人旅行をもくろんだ。金沢大学の田辺勝美教授にそのような希望を伝えたところ、快く発掘現場の見学やその他の便宜について承諾してくださった。そこでさっそく妻と二人の中央アジア旅行の準備に取りかかった。

◈タシュケントへ

一九九六年九月二二日夜、関西空港(大阪)からウズベキスタン航空の直行便でタシュケントに飛ぶ。所要時間は約九時間(時差四時間)であった。乗客のほとんどが日本人観光客であった。調査隊に加わる津村真輝子さん(古代オリエント博物館)も同じ便に乗りあわせ、一緒にダルヴェルジン・テペまで同行させていただく。タシュケントの空港に二三日早朝到着。空港にはハムザ記念芸術学研究所のスヴェトラナSvetlanaさんと留学生の高橋惣一郎君が出迎えに来てくださった。ホテルでしばらく休息してから、午後にタシュケント市内のハムザ記念芸術学研究所に案内していただく。この研究所には考古部門のスタッフが発掘した遺物が収蔵されており、その補修や復元作業もそこで行なわれる。スヴェトラナさんは主として貨幣の洗浄、計測などを担当されている。収蔵品は一般に公開されていないが、仮展示の形式でハルチャヤンやダルヴェルジン・テペ出土の塑像が数多く並べられており、ガンダーラ仏教美術を研究する私には興味深く、見応えがあった。アイルタム遺跡のバクトリア語碑文(一九七九年出土)も窓際に置かれていた。スルハン・ダリア流域の遺跡から出土する小壺、杯、アンフォラ(把手付壺)、大甕などの土器類は、私がアフガニスタン北部で発掘した土器とほとんど区別がつかないほど似ている。懐かしささえ感じる。

ハムザ記念芸術学研究所蔵の主要な美術考古遺品図録は『南ウズベキスタンの遺宝』(創価大学出版会、一九九一)として出版されており、また*Culture and Art of Ancient Uzbekistan*. 2vols. (Moscow, 1991) の中にも多く収録されている。最近にハムザ記念芸術学研究所・創価大学合同調査隊編『ダルヴェルジンテパDT・25(一九八九―一九九三、発掘調査報告)』(創価大学、一九九六)が出版され、そこには一九八三年以来のDT・25仏教寺院址発掘の記録、出土塑像の写真が含まれており、有用である。タシュケントにはそのほか国立歴史博物館、国立近代美術館があり、そこにも多くの美術考古資料が展示されている。

◈テルメズへ

九月二四日、早朝小雨の中タシュケント空港からテルメズへ向かう。津村さんのほか、スヴェトラナさんも調査隊に合流するので同行。双発プロペラ機で所要時間一時間五〇分。テルメズはタシュケントの南約五〇〇キロメートル、アム・ダリアの北岸とスルハン・ダリアの河口に位置し、古くからアム・ダリアの重要な渡河地点として栄えた都会である。空港にははるばるダルヴェルジンの発掘宿舎からトゥルグノフさんをはじめ隊員の諸氏がマイクロバスで出迎えに来てくださっていた。ちょうど発掘の中休みの期間にあたり、隊員のみなさんもくつろいだ様子であった。テルメズは暑く、太陽が眩しかった。真夏に戻ったような感じであった。隊員のみなさんもダルヴェルジンよりテルメズは暑いと言う。対岸のアフガニスタンから熱風が吹き寄せるせいだと説明を受ける。私がかつてアフガニスタンで作業していたとき、九月の発掘現場の気温は四二度前後であった。ただ、気候が乾燥しているので、さほど気にならなかったように思う。そこから来る暑さをテルメズでは「アフガン風」と呼んで敬遠されているのを聞き、アフガニスタンがすぐ近くにあることを実感する。テルメズとその周辺にも多くの遺跡があるが、それは帰路に立ち寄ることとして、まずダルヴェルジンの宿舎へ向かう。ダルヴェルジンはテルメズから北へ約九〇キロメートル、道はスルハン・ダリアに沿い、タジキスタンの首都ドゥシャンベに至る幹線道路である。鉄道も並行する。途中シュルチの町で食料品を買い込み、その後間もなく幹線道路から東に折れてダルヴェルジンの村に入る。遺跡の南側を通り過ぎ、宿舎に入る。所要時間約二時間であった。宿舎は土塀で囲まれた広い果樹園の中にあった。二棟の宿舎のほかに、高台の亭（食堂）、竈、コンコンと涌き出る掘り抜き井戸、プール、シャワー室、トイレなどが戸外につくられている。宿舎の一棟は加藤九祚教授が日本人用に増築したもの。私たちもその一室に泊めていただいた。

◈ダルヴェルジン・テペ訪問

翌日、九月二五日さっそく遺跡に案内していただく（挿図21）。まず道路脇から小高い内城に登り、発掘主任の堀晄さんから説明を受ける。内城の中心は村の墓地となっており、それを避けて西斜面に一〇メートル四方のトレンチを四ヵ所開ける。まだ二シーズン目なので、ごく上層の日干レンガ積み遺構を明らかにしているだけという。掘りすすむうちになににぶつかるか、年代的にどこまで遡るか、楽しみである。内城の北、下方には濠と城壁に囲まれた長方形プランの市街区（六五〇×五〇〇メートル）が見渡せる。下へおりて、今度はトゥルグノフさんから説明を受ける。まず内城のふもとにあるDT・2区は手工業者の住居址、DT・9区は陶器職人の住居址、周辺に窯址が並び、焼土と土器片が散在する。赤色スリップ（化粧土）のかかった薄手良質のものは、杯（ゴブレット）や小型の鉢、壺の破片であった。私がアフガニスタンで見た土器と同じであることをトゥルグノフさんに告げると、ダルヴェルジン・テペで製造された高級陶器がバクトリア一円に運ばれたと答えてくれた。しかしそれにしては窯跡の数が少なすぎると思うが、アム・ダリアを挟んだ南北両流域で同質、同形式の土器が製造され、使用されていたことは確実である。

次に最近に発掘されたDT・25、DT・27区を見る。ほぼ都市の中心に位置する。トゥルグノフさんたちはここで仏教寺院に出くわした。今のところまだ仏塔の所在を確認していないが、仏、菩薩などの礼拝像を納めた部屋を見つけた（DT・25、三号室）。高さ二〜三メートルの大きな泥土塑像が壁面や龕内に安置されていた（挿図22上、23）。石彫と違い、脆くて原形をとどめるのは少ないが、保存のよいものはハムザ記念芸術学研究所に運ばれた。それらは先にタシュケントで見たものである。塑像はまず泥土でほぼ外形をつくり、その上に白土、石膏を塗りかさねて細部を整える。最後に彩色を施す。発掘宿舎のホールにその塑像の一つの実物大復元像（模型）が置かれていた。ハムザ記念芸術学研究所の大学院学生が卒業記念に制作したものだという。高さ約二五〇

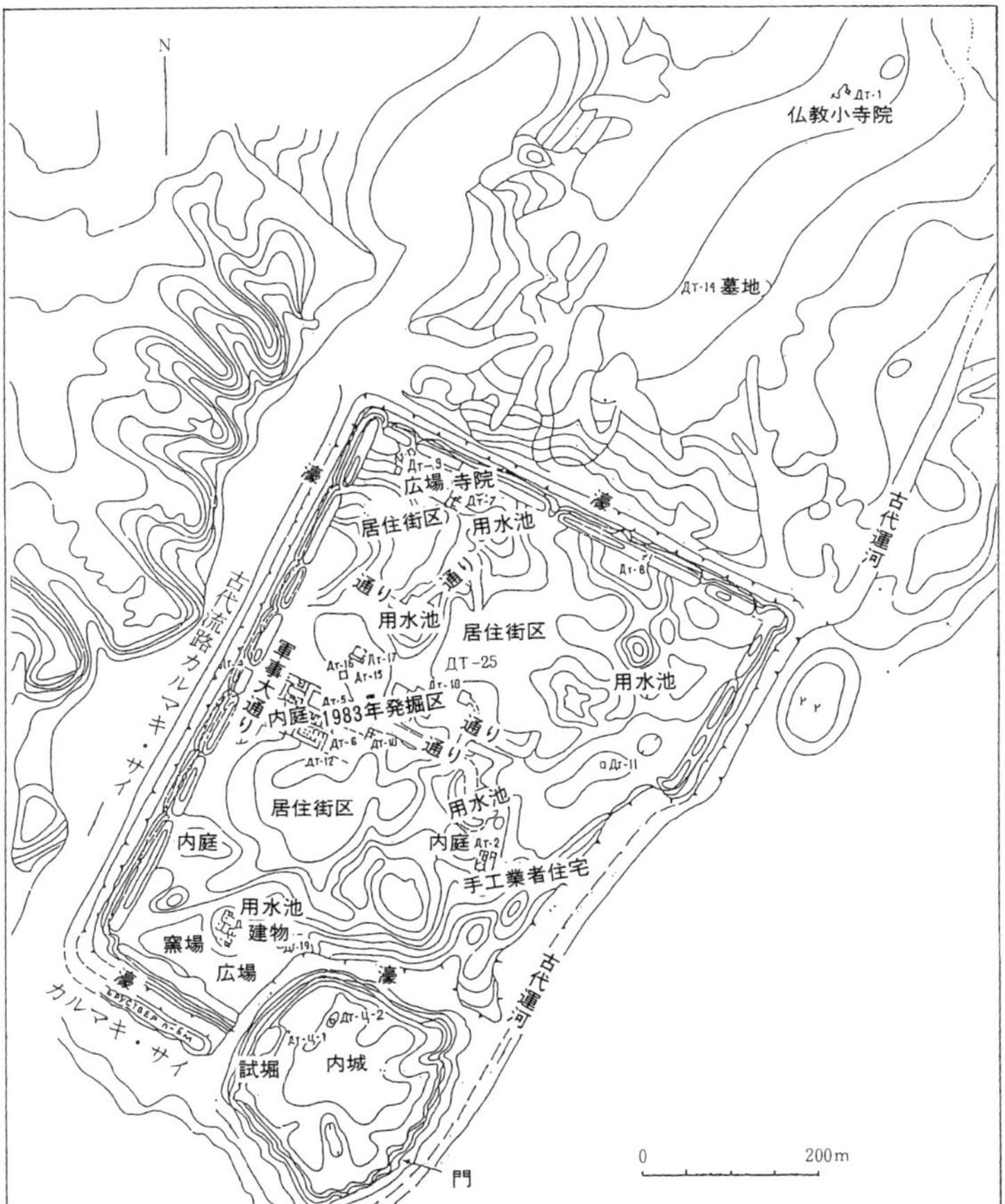

21…ダルヴェルジン・テペ都城址平面図（発掘報告書、1996による）

センチメートルほどの菩薩立像で、色彩が鮮やかすぎるが、比較的よく復元されている。トゥルグノフさんからガンダーラ彫刻と比較してダルヴェルジン・テペの塑像をどう思うかという質問を受けた。私は製作年代が遅れること、また地域性が加わっていることでガンダーラ彫刻との外見の差は大きい。しかしなおガンダーラ図像学の約束が踏襲されていると答えた。ガンダーラ彫刻では二種のタイプの菩薩像を区別した。つまりブッダとして悟りを得る前の太子(釈迦菩薩)の図像と、未来に出現するブッダで、現在はトソツ天で修行中の弥勒菩薩の図像とである。釈迦菩薩は頭にターバン(宝冠)を着け、弥勒菩薩は無冠束髪で水瓶を手に持つ。その点からすると、ホールに復元された菩薩は無冠束髪の姿であり、もとは左手に水瓶を持っていたのではないか。復元では、右手を胸の上に挙げ、左手を下にさげた姿勢である。私の推測に対し、トゥルグノフさんはしばらく目を閉じ、出土の状況を思い出していたが、ありえないことではないと答えた。

DT・25の塑像の年代について、始めトゥルグノフさんらは三世紀中頃と推定したが、多少の迷いがあるらしかった。私の鑑定では三八〇年頃である。その根拠はなにかといえば、アフガニスタンの首都カーブルの東郊で見つかった(一九三三)テペ・マランジャンという仏教寺院である。泥土塑像の仏、菩薩像が出土し、ダルヴェルジン・テペの塑像にとてもよく似ている。遺跡から小箱に入ってクシャノ・ササン金貨一二枚、ササン銀貨三六八枚が見つかった。いちばん新しい貨幣はシャープール三世(在位三八三〜三八八)のものであり、寺院と塑像の年代も三八〇年頃と考えられる。ダルヴェルジン・テペの塑像はそれにくらべ、頭髪の表現など一段と形式化してい

22…ダルヴェジン・テペ遺跡

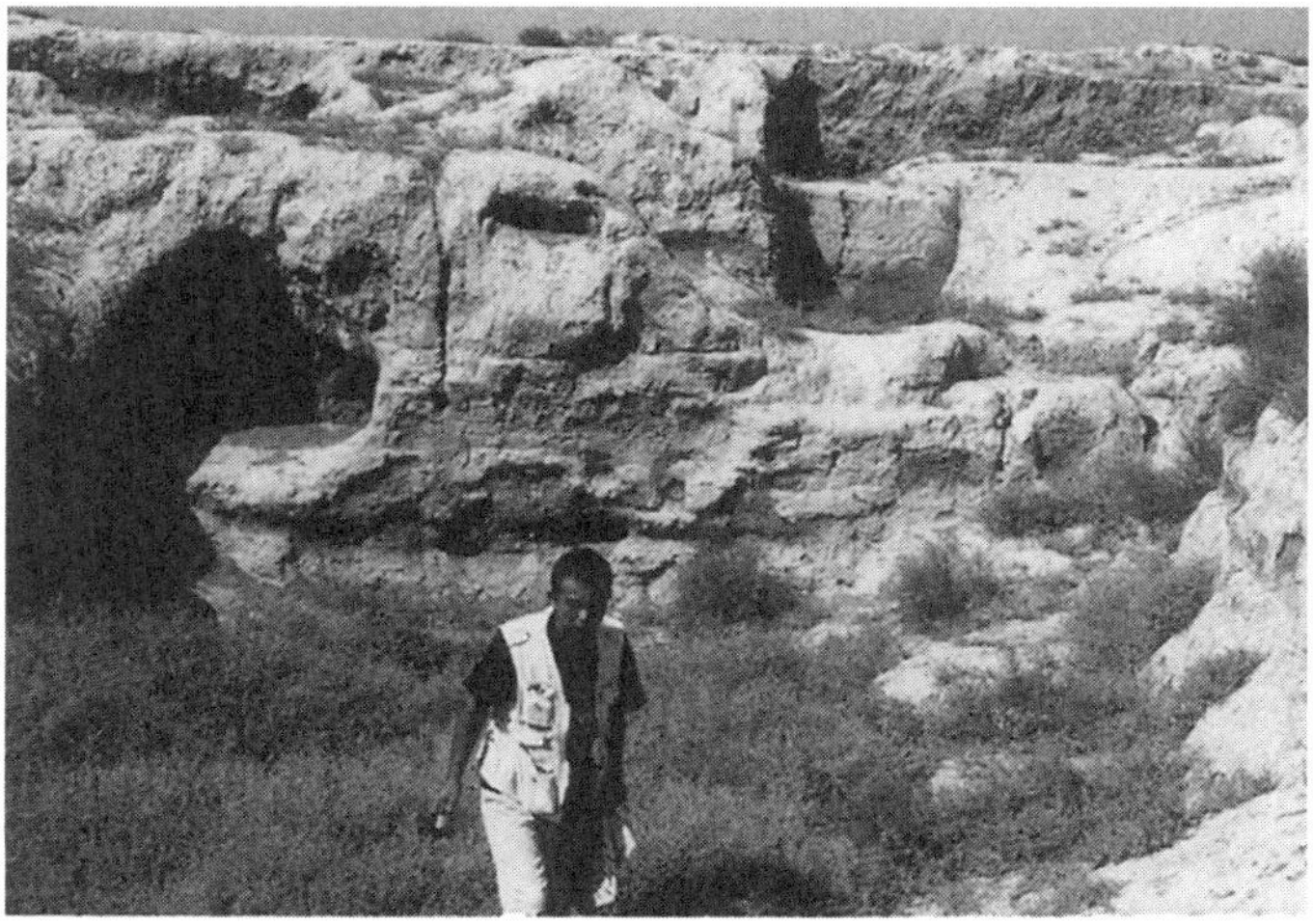

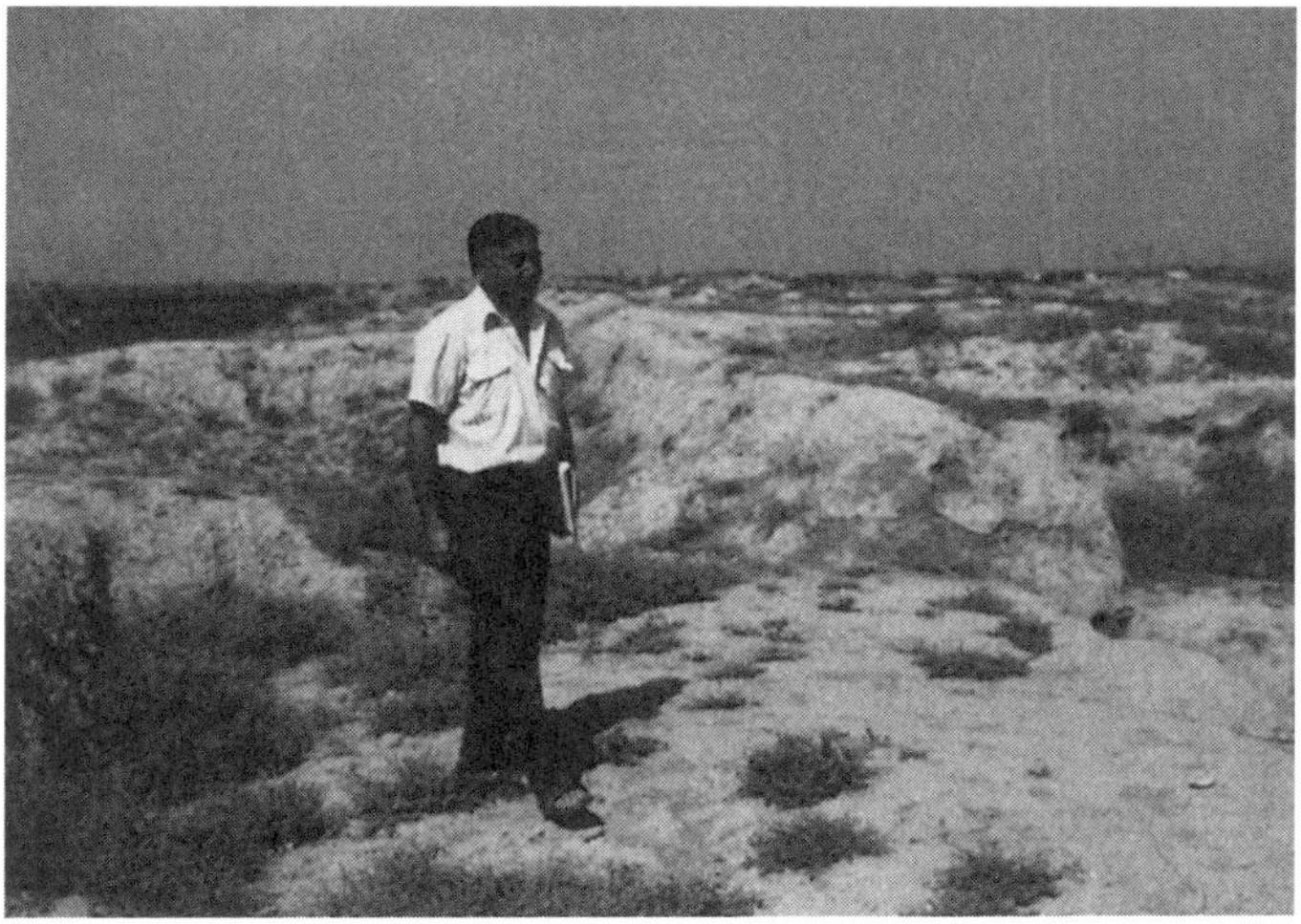

上——DT・25の仏像の部屋内部
下——遺跡に立って説明するトゥルグノフ教授

るので、もう少し遅れると考えた方がよいかもしれない。いずれにせよ四〇〇年を過ぎて間もなく、ダルヴェルジン・テペの仏教寺院は廃棄され、埋没していった。それはDT・25の寺院のことだけではなく、ダルヴェルジン・テペ都市そのものが衰退し、放棄されたのである。

◈黄金遺宝の発見（DT・5）

少し話がそれたが、見学の続きに戻ろう。DT・25の寺院址の西南、大路を挾んで大きな邸宅址DT・5、DT・6区があった。部屋数がそれぞれ一七室、二六室あった。DT・5を例に取ると、まず東側に列柱四本をそなえた玄関があり、次いで応接間、その奥に貴賓室がある。それを取り巻くようにして周囲に大小の部屋がつくられている。DT・6もほぼ同じ配列を持つ。さてトゥルグノフさんはDT・5の一角にわれわれを呼んで説明を始めた。ダルヴェルジン・テペの遺宝（金塊）がいかにして発見されたか。

一九七二年九月二五日、偶然ながら今からちょうど二五年前の今日、トゥルグノフさんと一人の手伝いの学生がDT・5のいちばん小さな部屋一三号室を発掘していた。後世に壁が付加されて部屋が一層狭くなっているのに疑問を抱き、その壁を取りのぞいたところ、その床下から壺（高さ三四センチメートル）が出土した。なんとその中に黄金延棒一六本、黄金製の帯金具、頸飾り、胸飾りなどの黄金財宝三五キログラムが入っていた（挿図24）。幸いに現場にいあわせたのは学生とトゥルグノフさんの二人だけであった。村人に知られれば大騒ぎになるから、二人はひそかに

23…ダルヴェルジン・テペ出土の仏、菩薩像（塑像）

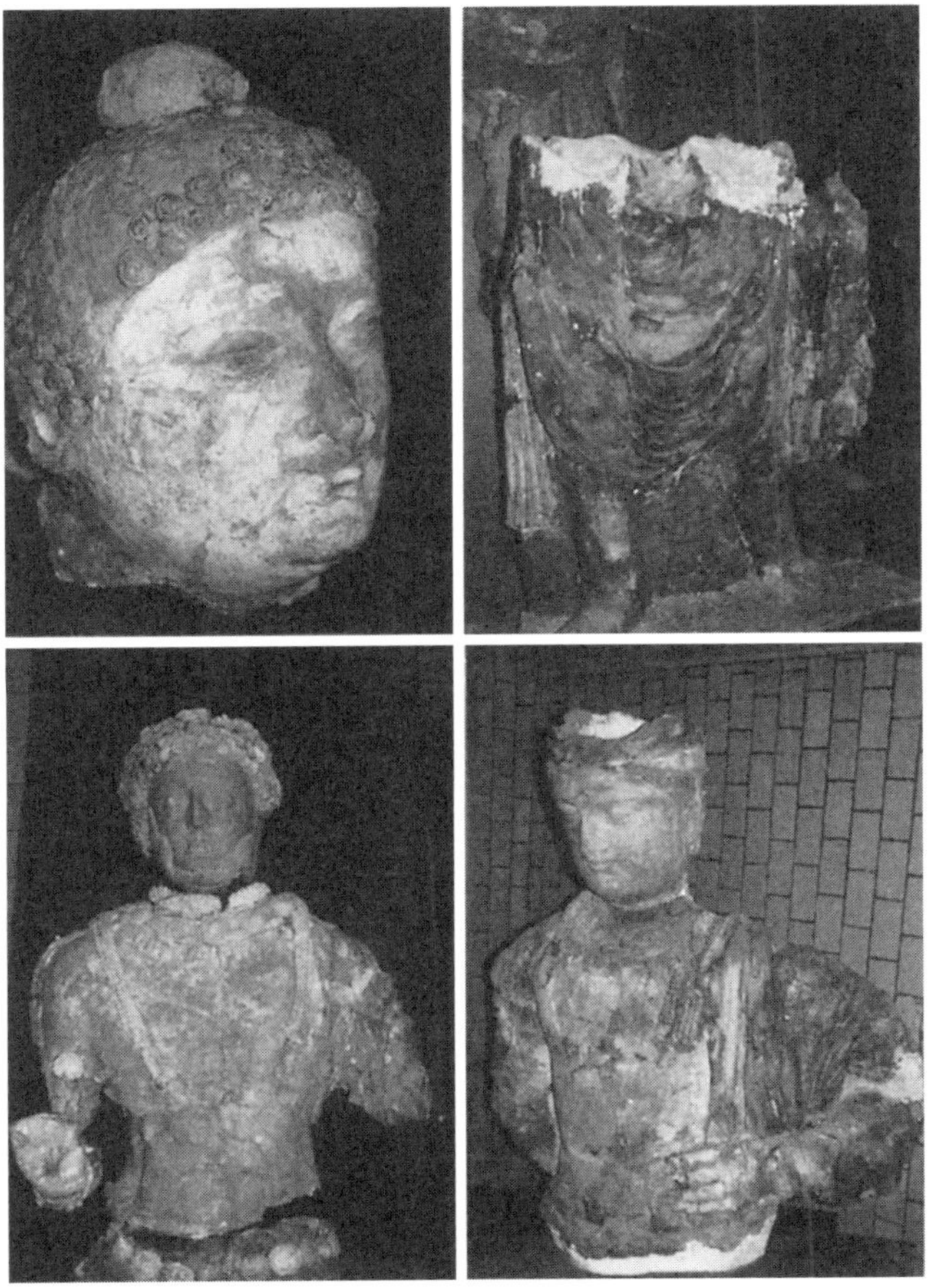

上左——仏頭（高 40cm）　上右——ブッダの着衣と脚部（高 96cm）
下左——束髪形菩薩（高 176cm）　下右——宝冠（ターバン）形菩薩（高 100cm）

タシュケントの研究所に運び込むことにした。二人はバスを乗り継いで真夜中にタシュケントに到着。しかし研究所のみならず、安全に保管してもらえるところはみな閉まっていた。なんと、トゥルグノフさんは金塊を鉄道のコイン・ロッカーに入れ、自宅に帰った。そして翌朝、研究所に運び、所長のプガチェンコワさんらに報告した。やがてそれは新聞に大々的に報道された。発見者のトゥルグノフさんはブレジネフ書記長から褒賞として大きなアパートをもらったという。金延棒（大型八・五×二・五×二・〇センチメートル、七六五〜八七七グラム、小型六・八×一・六×一・六センチメートル、三五八〜四三八グラム）にはカロシュティ文字でミトラ神（古代インド・イラン人の神）の名、重量、純度などが刻印されており、後二世紀頃、南のガンダーラから持ち込まれたものと思う。このとき、トゥルグノフさんの説明を通訳をしてくれたのが川崎建三君である。加藤九祚教授の教え子で、この数年間ハムザ記念芸術学研究所に留学し、トゥルグノフさんのもとで勉強している。一九九一年以来、ダルヴェルジン・テペの発掘に参加し、将来有望な若手研究者である。

トゥルグノフさんの取っておきの話を聞いた後、西側の城壁と濠とを見学した。城壁の断面を見ると、その基礎は厚さ一〇メートルに達する大きなものであった。西側の濠は現在もキャナルとして利用されている。東側の城壁には墓穴がいくつか掘られ、その一つからササン朝ペーローズ王（在位四五七〜四八四）の銀貨が出土したという。それはダルヴェルジン・テペの都城が衰退し、城壁が墓地の一部として利用されたことを示す。都城の放棄も意外に早かったようである。

24…黄金遺宝とそれを内蔵していた壺（高五〇センチメートル）
（*Culture Art of Ancient Uzbekistan*, 1991 による）

◈城外の遺跡（DT・1、DT・14）

ダルヴェルジン・テペの城外にも関連の遺跡が見つかった。DT・1は城壁の北四〇〇メートルのところにあり、仏塔基壇（八×七メートル）とそれをめぐる回廊が検出され、仏教寺院であった。回廊から多くの塑像が出土し、仏像のほかクシャン人服装の供養者像が存在し、興味を惹く。寺院の活動時期が問題であるが、DT・25より少し古く、三〜四世紀と思う。残念ながら遺跡は消滅しているが、土器が多く出土しているというので、土器編年上から年代の再検討が可能であろう。DT・14は城壁の北二〇〇メートルのところから見つかったゾロアストラ教徒の墓地（ナウス）であった。現存しているので、次に案内していただいた。日干レンガ積み、ヴォールト天井を持つ小部屋が通路を挟んで左右対称に四個づつ並ぶ。ゾロアストラ教徒の納骨堂である。地下に埋まっていたせいか保存がよい。出土土器から判断すると、比較的長期間使用された印象を受ける（後一〜四世紀）。城内北側のDT・7もゾロアストラ教寺院と考えられており、一時期ダルヴェルジン・テペにおいて仏教と土着ゾロアストラ教とが共存していた。

◈ハルチャヤン遺跡

翌日九月二六日、トゥルグノフさんは日本隊の諸氏と私たちをハルチャヤン遺跡に案内してくださった。しかしハルチャヤン宮殿址は緊急発掘した後（一九六一）、トラクター修理工場用地として跡形もなく造成されてしまった。今回はその場所の確認だけである。シュルチからさらに国道を北上するとデナウという大きな町に着く。その東北八キロメートル、広々とした耕地、集落の間にテペや土塁址が点在する。カラバーグ・テペとハナカ・テペと呼ばれる遺跡群である。ハルチャヤン村に入り、トゥルグノフさんの案内で大きな扉を開けて修理工場の敷地に入る。その一画がもと宮殿址であったという。砂利が積まれているだけで、もはや遺跡のおもかげはない。土塀越しにハナカ・テペの土塁を遠くに見ることができ、ハルチャヤンがハナカ・テペ遺跡群の一つであったことがよくわかる。この二日間の遺跡見学でハルチャヤンのほか、アケメネス朝時代の都市址クィズィル・タパ(シュルチ市の西九キロメートル)、初期イスラム時代の都市址ブドラッチなども案内していただいた。スルハン・ダリア中流域が人口稠密であったこと、人びとが環境の変化により居住地(都市)をあちこち移したことが理解できた。

さてダルヴェルジン・テペとハルチャヤンを実際に見て、それがプガチェンコワの主張するような大月氏の王庭やクシャン王朝の発祥の地であったとの確信はついに得られなかった。むしろクシャン王朝の勢力拡大によってその影響が及んだ遺跡の一つのように感じた。

◈アイルタム遺跡

九月二七、二八日はトゥルグノフさんにテルメズ周辺の遺跡を案内していただけることになり、二七日朝、発掘宿舎を出発し、往路と同じ道を通ってテルメズに移動した。むかしからアム・ダリアの渡河地点として要衝の地であったテルメズ周辺には重要な遺跡が多い。現在、テルメズには一般観光客をあまり入れていない。国境地帯であり、軍事基地もあるからであろう。午前中はアイルタム遺跡に案内していただいた。アイルタム遺跡はテルメズの東方一八キロメートルの地点、スルハン・ダリア河口から一〇キロメートル上流のアム・ダリア河岸にある。かつてここに仏教寺院があった。遺跡が所在する付近でアム・ダリアの河幅がもっとも狭くなり、むかしから渡河地点に選ばれていた。一九七九年、旧ソ連の手で当時のウズベク共和国(現ウズベキスタン)とアフガニスタンとを結ぶ「友好の橋」がかけられたのもそこであった。その「友好の橋」を通って旧ソ連軍の一〇万人の兵士がアフガニスタンに進攻したのだから皮肉な名称である。

私たちを乗せた車はテルメズの郊外に出、トウモロコシ畑やウシが放牧された広々とした平原を通り過ぎる。やがて前方にアフガニスタンの山なみとアム・ダリアの流れが見え隠れしてきた。やがて遠くにアーチを連ねた白っぽい橋梁が見えはじめた。「友好の橋」である。そしてそれより先は撮影禁止となる。車は橋の一〇〇メートルほど手前でとまり、私たちは車から降りた。その先には検問所、税関、兵舎などの建物があり、兵士が警戒にあたり、物々しい雰囲気であった。アム・ダリアにかかる橋は道路、鉄道兼用の橋で、橋脚が非常に高いものであった(長さ約八〇〇メートル)。ちょうど赤十字のマークを付けたジープが数台列をつくって、ゆっくりと橋に向かって進んでいくところだった。またアフガニスタンで流血の戦闘があったかと思った。後で知ったが、前夜からその日の朝(九月二七日)にかけて、アフガニスタンではタリバーン派とラバニ大統領の政府軍との間に激しい戦闘があり、ついにラバニ派が駆逐され、首都カーブルがタリバーン派に制圧されていた。それとも知らず、私はアフガニスタンを目の前に見て、思わず「アフガニスタン万歳（ゼンダバード）！」と叫びそうになった。三〇年ぶりに見るアフガニスタンの懐かしさと、あまりにも長期の悲惨な内乱に対するもどかしさ、その入り交じった気持ちからの興奮であった。

トゥルグノフさんは私たちを集めて説明しはじめた。トゥルグノフさんは一九七九年にアイルタム遺跡最後の調査をしたという。アイルタムは一九三二年、アム・ダリアの増水で河岸の一部が崩れ、そのときにアカンサス葉形と楽人などを浮彫した石灰岩彫刻がいくつか発見され、有名となった。その後の調査で河岸一帯に集落、仏塔、僧院が存在したことがわかった。トゥルグノフさんも一九六四～六六年に調査したことがあった。その後、「友好の橋」の建設が計画されたとき、その橋脚部分にアイルタムの遺跡が存在した。一九七九年、トゥルグノフさんたちは背後にブルドーザの音を聞きながら緊急の調査を行なった。そのときに発見されたのが、石灰岩に彫刻された男女神像であったという。彫刻は残念ながら上半身が欠損していたが、その台座には六行のバクトリア語碑文が刻まれていた。碑文は磨滅があり判読がむずかしいといわれているが、第四章でも紹介したとおり、「クシャン王フヴィシュカの治世に、……新たに井戸を穿って水を得、神殿の機能をよみがえらせ、この神像を奉納した」という内容であった。重要な資料であり、私もすでにハムザ記念芸術学研究所で実物を拝見していた。ダルヴェルジン・テペのばあいにもそうであったが、遺跡の上に立ち、発掘調査した本人から説明を聞くというのはなんと幸運なことかと、ありがたさをかみしめた。

◈テルメズ周辺の遺跡

二七日午後には古代テルメズ都市の遺跡に案内していただいた。現在のテルメズ都市の西南一二キロメートル、アム・ダリア河岸に臨むところに、古代テルメズがある。一二二〇年、ジンギス・ハーン（モンゴル帝国の建設者。在位一二〇六～一二二七）の軍勢に破壊され、廃墟となったという。市内から西に車を走らせていくと、道路南沿いに金網のフェンスが現われる。アフガニスタンとの国境線である。実際の国境はアム・ダリアの流れの中央であるが、お互いに広い中立ゾーンを設けているためである。道路北側にズルマラの仏塔が遠望された。道路との間は湿地帯となっているので、簡単には接近できそうになく、遠望するにとどめる。近くで見れば、さぞ大きな仏塔だろうと思う。廃墟を迂回して、その北にあるファヤズ・テペを訪れる。仏教寺院址で、一九六八～七六年にL・I・アリバウムによって発掘調査された。仏塔と僧院とが並んで見つかっている。仏塔は創建時の小型仏塔を包み込んで増拡されていたが、今は拡張時の外壁を取り去り、創建時の小さな仏塔が表に出ている。しかし基壇は増拡時のまま掘り残したので、不釣り合いに見える。僧院は講堂、僧坊、食堂の三区画からなる細長い建物（一一七×三四メートル）で、現在も発掘地にその輪郭をたどることができる。アリバウムは正式報告書を出版しないまま最近亡くなられたと聞く（一九九七年八月）。なお僧坊の祠堂内から出土した石灰岩製坐仏浮彫や彩色塑像、壁画は現在タシュケントの歴史博物館に陳列されている。

◈カラ・テペ仏教石窟

ファヤズ・テペの南一キロメートルのところに、軍事基地の柵の内側に低い砂岩の丘陵が見える。その丘陵の周囲にカラ・テペの仏教石窟が営まれている。アム・ダリア北岸に存在する唯一の珍しい石窟である。インドから中国に至る仏教石窟の系譜を考える上でぜひ見学したかったが、トゥルグノフさんの骨折りにもかかわらず、今回は残念ながら見学の許可が下りなかった。カラ・テペ石窟寺院は一九二六年に初めて確認され、一九六一年以後、エルミタージュ博物館のB・スタヴィスキーの率いる調査隊によって継続的に発掘されてきた。中間報告書も数冊出版された。それらによると、一九八〇年までに一一組の石窟群が明らかとなったが、丘陵全体では二五～三〇組の石窟群が存在するだろうという。出土遺物もカロシュティ、ブラフミー文字（古代インドの文字。現在のインド系文字の祖）の陶片文書（墨書）や貨幣、彫刻、壁画、土器など貴重なものが多く、将来の調査に期待が持たれる。出土貨幣から見ると、仏教石窟としての活動時期は二～四世紀である。そして石窟が衰退した後は墓地として使用された。墓地から出土する貨幣はクシャノ・ササン貨幣かそれ以後のものであり、四〇〇年を過ぎた頃から、仏教施設が一斉に衰退していく。それはダルヴェルジン・テペにもあてはまり、興味深い。

カラ・テペの見学をあきらめ、迂回してアム・ダリアのほとりにあるマザール・ハキミ廟に出た。そこにはテルメズに初めてイスラム教を布教したハキミ・テルメズィという聖者が祀られている。多数の市民が参詣に訪れていた。トゥルグノフさんは私たちをその付近の発掘現場に案内した。発掘の対象は砂岩質の地盤地下に掘られた洞窟であった。住居なのか、倉庫なのかわからない。釉薬のかかったイスラム陶器が出土しているので、年代は新しいかもしれない。しかし私はその地下室の状況からカラ・テペの石窟の様子をいくらか想像することができた。次いでマザール（廟）を見学していると、人びとが「タリバーンがカーブルを奪回した」と緊張した面持ちで話しているのを聞き、今朝の事件をそこで初めて知った。対岸のアフガニスタンの内戦の状況は、テルメズの住民とけっして無関係ではないのだ。タリバーン軍とはカンダハルのアフガン人（パシュトゥ）が率いるもので、タジーク人ラバニ政権から首都カーブルを奪回したという。ラバニ政権と手を結んでタリバーン軍と対抗しているのがウズベク人のドスタム将軍である。テルメズの住民にとっても複雑な感情でなりゆきを見守っているのだろうと思う。私にペルシア語（タジーク語）でタリバーンのカーブル進撃を話してくれたのは、ウズベキスタンに住むタジーク人であった。

◈ジャルクタン遺跡

九月二八日、早朝にテルメズ市内にあるテルメズ郷土博物館を訪れたが、あいにく休館であった。中庭から窓越しに陳列品を見る。ファヤズ・テペ出土の塑像仏頭、古代テルメズ都市から出土した坐仏彫刻（石灰岩）など貴重な資料が展示されていた。中庭には方々から採集された大小の石灰岩製礎石が並んでいた。この日の見学はテルメズ市から約六〇キロメートル西北のジャルクタン Jarkutan の遺跡の見学に出かけた。道は明日サマルカンドへ向かって走るのと同じ幹線道路である。シェラバードの手前で西に折れ、まず集落の中にあるスルハン・ダリア考古博物館を見る。そこには南ウズベキスタンの代表的青銅器時代の遺跡、サパリテパ Sapallitepa とジャルクタンからの発掘遺物が収蔵されている。展示室は小さいが前一五〇〇～前一〇〇〇年頃の土器が所狭しと陳列され、壮観である。その多くは墓の副葬品であり、若干のブロンズ製品のほか、ロクロ製で、クリーム地素文の壺、甕、ブランディ・グラス型、コップ型杯、高杯など、西アジアとの関連と、時代的特色がよく窺い知れるものであった。当時の人びとの生業は小規模灌漑による農耕で、牧畜や狩猟を補助的に取り入れたものであった。集落には城壁がめぐらされ、墓地は城外（ジャルクタン）、あるいは家屋の床下（サパリテパ）に営まれた。墓葬は土坑墓で墳丘をともなわない。博物館を見学した後、近くのジャルクタン遺跡に案内してもらった。クギタング、バイスンタウ山脈の山なみが近くに見える。遺跡は大きな集落と墓地からなり、一九七四年にA・アスカロフを団長とする考古調査団によって部分的に発掘され、現在もドイツ人調査隊の手で調査が継続されているという。

同じ道を帰る途中、テルメズまで後一六、七キロメートルのところ、道路右手（東）に見える大きな都市遺跡のハイラバードに立ち寄る。クシャン時代の土器が散在している。まだ未発掘の遺跡である。その先一キロメートル進んだ道路左手（西）にも方形の城砦らしい遺跡が見えた。トゥルグノフさんからL・I・アリバウムの発掘したバラルイク・テペであると説明を受けたが、運河に隔てられて遺跡に近づくことができなかった。午後五時過ぎ、テルメズ市の西三〇キロメートル、アム・ダリア河岸の断崖上に立つカンプィル・テパ Kampyr tepa 遺跡に到着した。クシャン時代の要塞という。一九八二年以来、ハムザ記念芸術学研究所が発掘し、今は資金不足のため中断という。丘の斜面を登るとまず周囲を取り巻く日干レンガの城壁（長さ二七五メートル）にぶつかる。城壁には一定の間隔で望楼が付き、その壁面にはクシャン時代に特徴的な矢印形銃眼が付く。城内住居址に入ると、ごく浅い上層に大甕が大量に据わっている。円盤状の陶製蓋を持つ。穀物の貯蔵用であろうか。大甕口縁の様式がみな古式なのに驚いた。私のアフガニスタン発掘経験ではクシャン時代初期、少なくともカニシュカ王の年代のものであった。この遺跡の下層にギリシア・バクトリア時代の文化層があるというが、見たところでは遺跡自体の堆積層は全体に薄いように感じた。これがテルメズ周辺の遺跡見学の最後であった。幅広く流れるアム・ダリアの対岸に黄昏のアフガニスタンを眺めつつ、またしばし感慨にふけった。

この日の見学は、炎天下摂氏三六度を越える暑さとなり、久しぶりに砂漠の暑さを体験した。テルメズに帰りついたとき、トゥルグノフさんが勧める大きなボトルのケフィール（ヨーグルト）を一息に飲みほした。私にとって充実した、すばらしい遺跡見学の一日であった。

第七章

大月氏の足跡を尋ねて（2）

——天山北麓の遺跡

テルメズ周辺の遺跡見学を終えて、私たちはお世話になったトゥルグノフさん、日本人調査隊のみなさんと別れ、夫婦だけで残りの旅を続けることにした。予定としては、テルメズから車でサマルカンド、ブハラを訪れ、ブハラから飛行機で一旦タシュケントに戻る。そこからまた車でキルギス、カザフスタンに入り、シル・ダリアのかなた、天山北麓でぜひ古代遊牧民族の残したクルガン(墳丘墓)に出会いたいと思った。

◈サマルカンドへ

一九九六年九月二九日、朝七時二〇分、車がホテルに迎えに来た。ウズベキスタン・韓国合弁会社製の比較的新しい乗用車であった。ただ小型であり、長距離用としてやや心配。後部のトランクはスーツケース一つでいっぱいとなり、もう一つのスーツケースを助手席に置いて出発。運転手君は小柄なロシア系ウズベキスタン人、残念ながらことばがあまり通じない。地図の上ではサマルカンドまで約三五〇キロメートル、道路はテルメズからシェラバード河沿いに西北方向に進む。幹線ルートの一つであり、道幅広く、全面舗装である。車は思ったよりも力強く、猛スピードで走る。やがて前方にクギタングとバイスンタウの山なみが近づき、道は山の中に入る。

デルベント峠にさしかかる手前、サイロビで休憩し、朝食をとる。渓谷に大きなスズカケの樹が茂り、その木陰にチャイハナ(茶店)がある。村人たちもくつろいでいる。かれらのことばがペルシア語(タジーク語)に聞こえたので、話しかけてみるとよく通じる。この村の住民がすべてタジーク人だと聞いてびっくり。かれらにとって外国人が珍しいのか、どこから来たのか、子どもは何人いるかなど、たちまち質問ぜめに遭う。ウズベキスタンの中でタジーク人村に出くわしたのは、これが初めてであった。しかしサマルカンドに来て、タジーク人がウズベク人よりも多いのに気づき、改めて驚いた。タジーク語が通じるおかげでサマルカンド、ブハラではことばに不自由することはなかった。

さて、サイロビを出て、急な山道を登り、峠を越える。多くの旅人がこの関所を通過した。玄奘三蔵は六三〇年頃、サマルカンドからここを越えてテルメズへ出た。

鉄門は左右が峻険な山に挟まれ、細い道があるが危なかしい。両側の岩肌は鉄色で、そこに鉄板でおおわれた門扉が設けられ、多数の鉄鈴がかけられている。その険固なことから鉄門の名が付いた。(『大唐西域記』巻一)

玄奘は鉄門関より以南、ヒンドゥクシュ山脈までのアム・ダリア流域を「トハラ人の土地」と呼ぶ。イスラム教徒の言うトハリスタンであり、古代のバクトリアに相当する。それより北の土地は「ソグド人の土地」であった。トルコ人（突厥）の勢力が強くなると、この鉄門を越え、トハリスタンを支配したイスラム・アラブ人と衝突した。突厥碑文にも鉄門（テミル・カピグ）と記す。峠付近に望楼の廃墟があると聞いたので、今は使用されていない旧道をしばらく走ってもらったが、探しあてることはできなかった。峠を越えて道はグザールまで下り、左、カルシーと右、シャフリ・サブズへの分岐点に出る。右の道を進んでシャフリ・サブズに到着。ここはティムール（一三三六～一四〇五）の生誕の町として有名であり、モスクなどティムール時代のイスラム建築が残る。車を降りて、しばらく見学する。シャフリ・サブズからサマルカンドまで六五キロメートル、簡単に走れるかと思ったら、意外に険しい山越えがひかえていた。鉄門越えに匹敵する大きな峠である。峠の頂では多くの人びとが休憩を取っている。岩間から清水が湧き出て、それを飲んで一息入れる。その名水を容器に詰めて持ち帰る人もいた。振り返ると、眼下に今登ってきた渓谷と羊腸の道が眺められる。私はこの峡谷を見て、『タバリーの歴史』の中に「峡谷の日」として記述されている遊牧民トルコとアラブ軍隊との激戦を思い浮べた（挿図25）。

イスラム・アラブの中央アジア進出は七世紀後半から始まった。ウマイヤ朝のホラーサーン州総督クタイバ・ブン・ムスリムの時代（七〇五～七一五）には、サマルカンド、ブハラを含むアム・ダリアとシル・ダリアの両河地帯がほぼアラブの支配下に入った。しかし土着ソグド人がイスラム教に改宗してもハラージュ（税）の軽減がなされなかったことから、ソグド人はイスラム教を捨て、遊牧トルコ族と手を結んでレジスタンス運動を展開した。サマルカンド、ブハラの二都市の住民を除いて、ソグド人は再びアラブ支配から離反した。七三一年、ホラーサーン州総督のジュナイド al-Junayd b. 'Abd al-Raḥmān はトルコ軍に攻撃されているサマルカンドを救援するために軍

25…サマルカンドへの道(峠よりシャフリ・サブズを振り返る)

隊を率いて北上した。ところがシャフリ・サブズ(キッシュ Kish)とサマルカンドの間の山道にさしかかったとき、トルコ・ハーンの軍隊に包囲され、峡谷に閉じ込められた。脱出を試みるが、戦闘は不利であり、戦死者が増えるばかりであった。やむをえず、サマルカンドから援軍を出動させ、かれらがトルコ・ハーンの軍隊と死闘を繰り返している間に、ジュナイドらは峡谷を脱してサマルカンド城内に逃げ込んだ。援軍は全滅した。部下を犠牲にして大将が生きのびた後味の悪い作戦であった。この日トルコ、アラブ双方ともに勇敢に戦い、多くの人が戦死した。後世、「峡谷の日」として、人びとはそれを語り伝えてきた。

峠を下りると、ザラフシャン流域の広々とした平地となり、やがてサマルカンドとタシュケントへの分岐点にさしかかる。左へ折れてサマルカンド市内へ。サマルカンドは数日後にティムール生誕六六〇年祭の行事をひかえ、至るところで突貫工事を行なっていた。それらを迂回しながら、ようやくホテルへ到着。午後一時であった。運転手君は折り返しテルメズへ引き返していった。サマルカンドでは五泊した。その間にイスラム時代のモスク、廟などを見学し、また北郊にあるアフラシアブの丘(古代サマルカンド都城址)とアフラシアブ博物館を訪れた。アフラシアブはアケメネス朝ペルシア時代からギリシア・バクトリア、クシャン、ソグド、初期イスラム時代と、出土遺物が出揃っており、中央アジア史を研究する上で、基準的考古学遺跡となりうるという印象を受けた。かつてアフガニスタンのアイ・ハヌム遺跡を発掘したフランスのP・ベルナール氏がアフラシアブの発掘に従事していると聞いたが、出会うことができなかった。市内にあるサマルカンド歴史美術博物館にも多くの考古学遺物の展示があり、有益であった。

サマルカンド滞在の一日をさいてペンジケント遺跡とその付属ルーダキー記念博物館を訪れた。ペンジケントはサマルカンドの西六八キロメートル、タジキスタン国領内にある。眼下に美しいザラフシャン峡谷を望む都市廃墟であり、サマルカンドと同様にソグド人の都市であった。ペンジケント最後の城主はディワシュチチであった。七二二～二三年、かれは他のソグド人とともにアラブの圧政に対して逃避行を企て、ザラフシャン上流のムグ山城に住民とともに立てこもって戦った。しかしついにアラブ軍に捕らえられ、処刑された。ペンジケントの考古学発掘は一九四六年に始まり、現在も継続中である。城内に神殿、宮殿、貴族の邸宅などの建造物が明らかにされている。日干レンガ積みの壁面に漆喰を塗って壁画を描く。発掘された多くの壁画を通して、当時の人びとの生活、服装、宗教・思想、さらに外国使節の姿も知ることができる。現在、B・I・マルシャク Marshak 氏が発掘を担当しているが、現地でお会いすることはできなかった。翌年の一九九七年夏ローマの南アジア考古学会でお会いしたとき、ソグド地域に仏教遺跡が少ないのはなぜかという質問をしたところ、都市では土着ゾロアストラ教が強力であるが、地方には仏教が浸透していたのではないかと考えていると言い、最近出土の仏教遺物の例を挙げてくれた。鉄門以南と以北で、はたして仏教の伝播に違いがあるのかどうかも、今回の旅行で確かめたかった課題の一つであった。

◈サマルカンドからブハラへ

一〇月四日、旅行会社の手配してくれた車でブハラへ向かう。ロシア製の古い乗用車、あまりスピードが出ない。道路は広く、真直ぐ西方向に続く。ザラフシャン河の流れに沿って、ゆるやかに下っていく。砂ぼこりの薄曇りの中、平原の中をひたすら走って、ブハラに到着。サマルカンド―ブハラ約二二〇キロメートル、所要時間約四時間であった。ブハラでは三泊した。その間、ブハラ旧市街に保存されるイスラム建造物、城砦を見学したほか、ブハラの西北四〇キロメートルのところにあるヴァラフシャの都市址、南八〇キロメートルのところにあるパイカンドの都市址を訪れた。ブハラの滞在を終え、一〇月七日に飛行機でタシュケントに戻った(所要時間、一時間一〇分)。タシュケントに二泊する間に、もう一度ハムザ記念芸術学研究所を訪れ、所蔵の発掘遺物を見せていただいた。遺跡を見学してきた後だけに、最初に見たときよりも、より興味深く、親しみを込めて鑑賞することができた。

◈タシュケントからビシュケクへ

タシュケントはウズベキスタンの首都であり、国際、国内の航空便が多数発着する近代的大都市である。それに比較すれば、サマルカンドおよびブハラは古都の趣をただよわす歴史的都市となってしまった。タシュケントつまり石国はシル・ダリア以北の地域、チュルチク川岸に営まれたオアシス都市であった。玄奘三蔵が通過した当時、石国は遊牧トルコ族(突厥)に支配されていたという。かつてはタシュケントから天山北麓にかけて遊牧民族の生活する世界が広がっていたのである。

一〇月九日、タシュケントよりキルギスの首都ビシュケクに向かう。距離は約六〇〇キロメートル、一日で走りきる予定である。旅行会社の手配してくれた車は日本製の新車、エアコン装備のカリーナであった。運転手はウズベク人、朝七時一〇分、涼しさを感じながらホテルを出発。タシュケント市街を出て三〇分程度でカザフスタン領に入る。国境にチェック・ポイントはあるが、徐行しながら通過する。対向車線には大型トラック(テヘラン・ナンバーが多い)が通関のためにずらっと並んでいる。それ以外、国境らしい雰囲気はない。運転手は両替するからといって車をとめてバザールに入っていった。ウズベキスタンの通貨はスム、カザフスタンはテンゲ、キルギスはソムと、独立国となって以来それぞれ独自の通貨を持つようになった。キルギスに入るのに、幹線道路ルートM39を走る。そのほとんどがカザフスタン領内を通過していく。国境を出てほぼ北へ向かう。次の大きな都市は約一〇〇キロメートル先のチムケント、沿道の並木は紅葉しはじめ、黄色をおびる。山を遠望しつつ、起伏する草原を走る。ルートM39は全面舗装であり、道路標示も完備している。

◈天山北麓

八時四〇分、チムケントの市内に入らずにバイパスで通過し、方向を東に転ずる。道路標示には、ビシュケク四五二キロメートル、アルマティ七〇八キロメートルと出る。ビシュケクも、アルマティ（カザフスタンの首都）も当分の間は同じ道を行く。九時四〇分、次の大きな都会のザンビールを通過し、タラス河を渡る。むかしのタラス城はこの付近に存在した。七五一年、アラブ軍と唐軍との間で生じた「タラス河の戦い」の地点である。左手（北側）には大平原が広がり、右手（南側）にはキルギス山脈が迫る。山の頂は白く雪をいただいている。やがて道と並行して鉄道が山寄りに走り、時おり列車とすれちがう。東はウルムチから、西はイスタンブールまでを結ぶいわゆるシルク・ロード鉄道である。一〇時五〇分、ジャンブという新興都市に入る。この町を通過中に初めて交通信号機にお目にかかった。郊外でガソリンを給油する。ガソリン・スタンドではなく、タンク・ローリー車が道端にとまってガソリンを販売する。そういえば途中ガソリン・スタンドをほとんど見かけなかった。移動式ガソリン・スタンドはキルギス国内でも同様であった。ガソリン・スタンドばかりでなく、茶店（チャイハナ）、レストランも見かけない。気のせいか町の賑わい、バザールの活気が見られない。どこも静かすぎる印象を受けた。近年の経済的不振のせいなのか、天山の北と南の相違なのか。バスの停留所で用を足す程度の休憩で、ひたすら走る。外の気温は上昇して暑さを感じるが、車の中はエアコンで快適であった。一二時五〇分、メルケの町を通過する。メルケは玄奘が千泉と呼んだところで、「千泉……南は雪山に面し、三方は平地である。土地は水豊かで、林の樹木は枝を茂らせ、春の終わりの月には、花が咲き乱れ、まるで綺（あやぎぬ）のようである。泉や池が一〇〇〇ヵ所もあり、この名が付いた。突厥可汗は毎年避暑にやってくる」(『大唐西域記』巻一)と記述する。玄奘はこの道をたどって、インドに向かっていた。西域南道のアクスから天山山脈を越え、イシック・クル湖(熱海)の湖岸に出て、チュー河(素葉水)の流れに沿って、トクマク、ビシュケクと、西突厥可汗の庇護を得て、西へと旅行を続けた。

メルケからビシュケクまで後一二五キロメートルの標示があり、一路ビシュケクをめざす。ビシュケクとアルマティ方面への分岐点は、すでにメルケの三〇キロメートル手前で過ぎた。ビシュケクまで後一〇〇キロメートルのところで、カザフスタンからキルギスに入った。この国境も徐行したままで通過した。ヨーロッパ諸国の国境を車で通過するのとよく似ている。キルギスに入ってから民家や樹木を多く見るようになった。国境から約一時間、首都のビシュケクに到着。ドライヴァーは市内を熟知しているのか、右、左と道に迷うことなくホテルの前に車を着けた。午後二時三五分着、所要時間は約七時間。バスでは十数時間かかると聞いていたので、かなりの体力消耗を覚悟していたが、意外に早く到着し、疲れもさほどなかった。それにしても長距離をよく走ったものである。ドライヴァー君に感謝して別れた。かれはすぐさまあの距離をトンボ返りをしたのであろうか。その日、私たちはホテルで遅い昼食をとり、ゆっくり休むことができた。

◈キルギス国内の遺跡

ビシュケクには四泊した。到着の翌日一〇月一〇日、ビシュケク在住の日本人伊藤宏宣さんに連絡を取り、ビシュケク見学のことで相談に乗ってもらった。伊藤さんは当時、キルギス国立大学大学院に籍を置き、日本語とキルギス語との比較研究をしながら、同大学東洋学部の日本語科講師をも務めておられた。その日の国立博物館および市内の見学のガイドとして、日本語科の女子学生一人を紹介していただく。かの女の日本語は「ありがたくちょうだいします」とか、やや古風なところがあったが、よく理解できた。その夜には伊藤さんのお世話でスラブ大学考古学教授のV・D・ゴリャチェワさんにお目にかかることができた。この数年間、ゴリャチェワさんは日本の加藤九祚教授と共同してクラスナヤ・レーチカ遺跡で発掘調査をされており、初対面の私にも親切に応対していただいた。会話の中で、私がビシュケクの周辺に遊牧民のクルガン（古墳）がありませんかと質問すると、ゴリャチェワさんはビシュケクの西郊外山麓にサカ、ウソン（烏孫）のクルガンが存在したが、今までにほとんどが破壊されてしまったと答えられた。私たちがビシュケクに入る手前、車中から右手（南側）の山麓斜面に古墳らしいものが並んで見えたが、やはりあれがクルガンであったかもしれないと思う。

次にキルギスの仏教遺跡について尋ねた。答えは、六、七世紀のものが多く、それ以前の仏教遺跡は存在しないという。ゴリャチェワさんの考えによると、仏教遺跡のみならず、キルギスの都市遺跡も六、七世紀のソグド人植民化とともに出現した。仏教、キリスト教、ゾロアストラ教、マニ教（三世紀にペルシア人マニによって創始された宗教）もソグド人の進出によって中央アジアに持ち込まれた文化であるという。同様な考え方はその後カザフスタン考古研究所の人たちからも伺った。つまり中央アジアの都市文化の始まりは六、七世紀、遡っても五世紀以前にはならない。それ以前の考古学遺跡、遺物は遊牧民族の残したクルガン文化である。それらをサカ、烏孫のものとすれば、三～五世紀間に遺物の空白ができる。南ウズベキスタンで見たあの仏教文化は袋小路的存在であったか。それとも別のルートで東方へ伝播していったものなのか。

◈クラスナヤ・レーチカ

一〇月一一日、ゴリャチェワさんにビシュケク周辺の遺跡のクラスナヤ・レーチカとアク・ベシムを案内していただく（挿図26）。伊藤さんの奥さんで、ビシュケク人文科学大学で日本語を教えるキルギス人女性（ナリン出身）に通訳をお願いすることができた。まずビシュケクからトクマクへの道を行く。両側に並木が続く幅広い舗装道路で、交通量も多い。ビシュケクから約三〇キロメートル走ると、クラスナヤ・レーチカ（ロシア語で赤い小川の意味）の村があり、二キロメートルほど通り過ぎてから左手（北側）へ折れ、畑中の小道を進む。間もなく土塁のめぐる広々とした遺跡の中に乗り入れる。遺跡内の東寄りに小高い丘（城砦）があり、まず歩いて登る。そこから遺跡の全貌が見渡せる。都城址の大きさは七五〇×九二〇メートルの東西に長い長方形である。その西方の一角に小さな城壁区画があり、最初の都城である。この遺跡は一九三八～四〇年に発掘調査されて以来、断続的に現在に至るまで調査が続けられている。ゴリャチェワさんは一九七八年以来この遺跡の発掘を担当されているが、一九九六年からは加藤九祚教授と共同して発掘を継続中である。城砦の丘から下りて、発掘地点に案内してもらう。それは涅槃像(復元長、約一二メートル)が発見された仏教寺院の東側に隣接した地区で、すでに日干レンガの部屋壁が出現している。しかしまだ建物の性格などは不明であるという。なお最新の調査概要は加藤九祚『中央アジア北部の仏教遺跡の研究』(一九九七)の中に述べられている。

ゴリャチェワさんによれば、クラスナヤ・レーチカ都城の年代は六世紀中にソグド人植民者によって、まず城砦部分が建設され、七~八世紀になって西側の小都城、次いで八~九世紀に旧都城を含んだ大きな都城が完成した。城外に建設された二つの仏教寺院、涅槃像の寺院(第二寺院)と都城南壁外の寺院(第一寺院)も都城の活動とその歴史をともにした模様である。発掘品には中央アジア的要素と並んで唐代中国の影響が強いのがこの時代の特色である。

◈アク・ベシム

遺跡の見学を終えて再び街道に出、トクマク方面に向かう。トクマク市内に入る直前で右(南)に折れて、アク・ベシム都城址をめざす。遺跡はトクマク市の南西八キロメートルの台地にあるというが、そこはチュー河左岸の大きな氾濫原であり、起伏する台地がいくつも点在する。見渡すかぎりの広々とした平原の中で遺跡を見つけるのは容易ではない。少し道に迷った後に、ようやく鉄道わきに位置するアク・ベシム都城址に入った。城壁(土塁)をめぐらせた都城址で、東西に長い長方形型である。クラスナヤ・レーチカと同様に、その西南隅に小高い城砦がある。その

26…クラスナヤ・レーチカ遺跡

上——城砦の丘
下——涅槃像寺院の付近(左端ゴリャチェワ氏)

上に登って展望すると、東城壁の外側にも土塁で囲まれた広い区画が見え、全体としてはクラスナヤ・レーチカより規模が大きい。城砦上には新しい発掘トレンチが開けられており、それはエルミタージュ博物館のメンバーが発掘調査中のものであるという。南城壁の外側に二つの仏教寺院、東城壁の外側に一つのキリスト教教会が見つかっているが、一九五〇年代の発掘後、畑地となり現在では跡をとどめていない。この都城址の年代は発掘遺物から見て、クラスナヤ・レーチカとほぼ同時代、つまり六世紀中のソグド人の進出によって創建され、九、一〇世紀頃に衰退した。

玄奘はこの付近で素葉水(砕葉、スイアーブ)城の存在を記している。

清池(熱海、イシック・クル湖)から西北へ五百余里進んで、素葉水城に至る。城の周囲は六、七里あり、ソグド諸国の商人(商胡)が雑居している。土地はキビ、ムギ、ブドウの栽培に適し、樹木は少ない。気候は風強く、寒冷で、人びとは毛織物の衣服を着る。

(『大唐西域記』巻一)

玄奘が素葉水、つまりチュー河の流域を通過したのは六三〇年頃であった。気候風土はあまり現在と変わっていないようだ。現在のところ、このアク・ベシム遺跡が素葉水(砕葉)城に相当すると考えられている。その仏教寺院址の一つは、則天武后が諸国に命じて建立させた「大雲寺」

であったと推定される。玄奘の「諸国商胡雑居也」の表現は、各地出身のソグド人たちが商業活動に従事し、盛んに往来していることを示唆する。

アク・ベシムの見学を終えたところで、午後二時となった。実はアク・ベシムのさらに南方にもう一つの大きな都城址がある。イスラム時代のブラナ塔（ミナレット）のある遺跡であり、カラ・ハーン朝（一〇～一二世紀、中央アジアを支配したトルコ系王朝）の都城バラサグンに比定されているものである。しかし、次の見学の約束があったので、ビシュケクに引き返す。ビシュケク市内でまずキルギス考古研究所に案内していただいた。キルギス考古研究所は大きな旧アカデミーの建物に入っている。建物は全体に人気がなく、ガランとしていて、活動休止の状態に見受けられた。考古研究所は三階にあり、そこで小さな展示室を見せていただいた。第一室の「サカ・烏孫」の部屋には遊牧民族系の遺物（青銅剣、鍑など）があり、第二室「ソグド・トルコ」の部屋にはクラスナヤ・レーチカ出土の菩薩頭部、金銅製品、オスアリ（納骨器）、ネストリウス教（異端とされたキリスト教の一派。西アジアなどに普及）十字架刻石などが展示してあった。やはり四、五世紀の遺物がない。もう一度その点をゴリャチェワさんに質問すると、その時期は人びとが他所に移動してしまい、この地域が衰退したからであるとの答えが返ってきた。

次にゴリャチェワさんの勤務するキルギス・スラブ大学の美術ギャラリーを訪れ、そこでクラスナヤ・レーチカ出土の三尊仏碑像（高さ六〇センチメートル、挿図27）とアク・ベシム出土の菩薩像台座（三二・五×一三・五センチメートル、厚さ一一センチメートル）を見せていただいた。どちらも赤色砂岩製の彫刻で、その台座に漢字銘が刻まれている。目的は定かではないが、中国人の残した遺物に相違ない。菩薩像台座にはその寄進者として「安西副都護、砕葉鎮圧十姓使、上柱国」の「杜懐宝」の名が刻まれている。杜懐宝の事績は『新唐書』巻一一一・王方翼伝の中に言及されている。それによれば杜懐宝は六八〇年頃に当時中国の西方辺境最前線であった砕葉城に長官として駐屯していたと思われる。もう一つの三尊像碑像はやや磨滅しているがほぼ完全なかたちであり、その様式から判断して七世紀末の作品と考えられる。みな同一人の作品かもしれない。なお先に紹介した加藤九祚『中央アジア北部の仏教遺跡の研究』には、その後新たにアク・ベシム付近で見つかったという漢文碑文断片（二〇×三〇センチメートル、厚さ四センチメートル、赤色砂岩）、石碑頂部（幅八二センチメートル）の写真と解説を載せており、この地域の中国人の活動を跡づける貴重な資料となろう。

◈イシック・クル湖

翌日一〇月一二日、ホテルの中にあるツーリスト・オフィスに車の手配を頼み、イシック・クル湖を訪れた。片道約二三〇キロメートル、日帰りで、帰途に昨日見学できなかったトクマクのブラナ塔に立ち寄ってもらうことにした。ドライヴァーはロシア系のキルギス人、車は少し古い日本製であった。九時にホテルを出発。トクマクまで昨日とは別のルート、チュー河寄りを走る。遠まわりだったかもしれないが、交通量が少ないので速い。その後も道路は舗装されていて良好、時速八〇～一〇〇キロメートル。トクマクを過ぎて三〇分ほど走ると、チュー河の峡谷がしだいに狭まり、道も上り坂となる。その後、約五〇キロメートルは岩山の間を走り、鉄道も崖淵に高架、トンネルを連ねて並行する。峡谷を出ると、チュー河とも離れ、イシック・クル湖の東端ルィバチエに到着する。そこで環境税（約二ドル）を支払って、湖の北岸を走る。目的地チョルポン・アタ（イシック・クル州の首都）まで後七五キロメートル。道は平坦で、紅葉したポプラ並木が美しい。湖岸に牧草地が広がり、ウマが放牧されている。湖水周囲の山は白く雪を冠っている。一二時三〇分、チョルポン・アタに到着。ホテルやレストランがある。しかしすでにシーズ

27…三尊仏碑像（赤色砂岩、七世紀末、高六〇センチメートル）

ン・オフで、うらさびしい。バザールに少し人だかりがあった。夏にはテント村もできるらしい。イシック・クル湖は標高一六〇〇メートルの山中にある深く澄んだ湖で、大きさは東西一八二キロメートル、南北五八キロメートル。その美しさゆえに「キルギスの真珠」と呼ばれる。湖岸には別荘が立ち並び、砂浜を独占している。しかし最近は使用されていないらしく、さびれている。私たちは一軒の別荘管理人に頼んで、扉を開けてもらい、広い庭園を通り過ぎて砂浜に出ることができた。日本の海岸の砂よりも細かな砂粒。湖水に足を浸し、水を口に含んでみた。思ったほど塩からくない。真水に近い。飲み水に使用できるように思った。「熱海」とも呼ばれるのは、冬期に結氷しにくい程度のことで、手足を浸すとひんやりする。湖水には数隻の漁船が出ていた(挿図28)。

湖水周辺の民家は石づくりであり、庭に赤く熟したリンゴが枝もたわわに実っているのが印象的であった。遊牧民の姿を見かけることはなかった。かれらはなお高い山中で放牧中であろうか。かつてイシック・クル湖の周囲に遊牧民の烏孫、突厥が集い、活動したことが知られている。かれらの残したクルガン(古墳)も分布する。湖岸に近い湖底から遊牧民の使用した青銅製の供物台、灯明台、鍑などが見つかったこともある。詳しくはボリス・ジューコフ著、加藤九祚訳『湖底に消えた都――イッシク・クル湖探険記』(角川新書、一九六三)を参照されたい。残念ながら今回はなんの用意もなく訪れたので、イシック・クル湖周辺の遺跡や遺物を見ることができなかった。しかし歴史地理学的考察に欠かせないイシック・クル湖にまで到達できて満足であった。

玄奘はベダル峠から天山山脈を越えてイシック・クル湖の南岸に出てきた。玄奘はその後西北に進んだが、湖水の東端ルィバチエから南西、チュー河の上流を越えてナリン流域に入り、ナリン

28…イシック・クル湖畔（北岸）

から南、カシュガルに通じることも、また西方フェルガーナ盆地の入口、オシュ（漢代の郁成城）に至ることもできる。ナリン、オシュはなおキルギス領であり、現在では自動車道路で結ばれている。

◈ブラナ塔とバラサグン

チョルポン・アタで昼食をとり、午後一時四五分、同道をトクマクまで引き返す。四時一五分トクマク市内に到着し、その南方にあるブラナ塔をめざす。曲がりくねった小道を進むと、集落の向こうにブラナ塔を見つけることができた。道は塔まで続いて行きどまりとなる。ブラナ塔はレンガ構築の円筒形で、基壇が八角形。上半分が倒壊して、現在の高さは二四・六メートル。ブラナ塔はカラ・ハーン朝が首都バラサグンに建立したモスクの光塔（ミナレット）であり、遺跡に現存する唯一の建造物である。規模、様式は先にブハラで見学したカリヤン・ミナレット（一一二七年、高さ四六メートル）によく似ている。同じ時期の、同じ王朝の建立である。カラ・ハーン朝はウイグル人がいちばん西方に建国した国家であり、このチュー河畔を拠点に、西はブハラのサーマーン朝（八七五〜九九九）を滅ぼし、南はカシュガル、ホータンを併呑し、パミール高原の東西にまたがる大きな勢力を築いた。カラ・ハーン国王はイスラム教に改宗し、トルコ族のイスラム化に先鞭を付けたといわれている。一一三〇年代に西遼（カラ・キタイ）の西遷によって、領土を征服され、滅亡した。

この塔の付近に宮殿址と思える小丘があり、それを取り囲んで方形に城壁がめぐっている(五七〇×六〇〇メートル)。その外側にも二重の城壁が取り囲んでいた(外壁周囲一五キロメートル)。ブラナ塔のそばに小さな博物館があり、閉館間近であったが、中に入れてもらって遺跡の出土品(碑文、陶器その他)を見る。なお野外にはキルギス国内から収集された石人十数体が立てられており、周辺の風景にとけこんで、すばらしい眺めであった。午後六時に無事ホテルへ帰着した。

◈ビシュケクからアルマティへ

一〇月一三日、旅行会社の手配した車でビシュケクからアルマティへ移動する。ルートM39により、距離は二三六キロメートル。朝七時四〇分、ホテルを出発する。二三キロメートル北上すると、カザフスタンとの国境となる。その後、ゆるやかな山の傾斜を越えていく。樹木はまばらである。道路は広くて良好、交通量はいたって少ない。オタル手前一九キロメートルのところで、西に折れる。アルマティまで後一五八キロメートル。道路は依然良好で、ほぼ一直線、平坦な道がどこまでも続く。左手(南)に広大な草原、右手(北)に天山山脈の山なみを見ながら、ひたすら走る。一一時三〇分アルマティに到着した(時差一時間あり、現地時間一二時三〇分)。アルマティでは三泊した。

◈カザフスタン考古研究所

アルマティ到着の翌日、一四日、カザフスタン国立中央博物館を訪れた。アルマティの市街は南から北にかけ、全体がかなり傾斜している。ホテルは北寄り、博物館は南寄りにあった。博物館の背後、南側には雪を冠った天山山脈が美しく眺められた。中央博物館の展示は民族衣装や新しい時代の資料が主であったので、ざっと見終えて、次にカザフスタン考古研究所に向かった。研究所は市街の中央、東寄りにある。背の低い建物であり、見つけにくいが、その正面にカザフスタンの吟遊詩人ジャンビーラの大きな銅像が立っているので、よい目印となる。そこには考古研究所のほか、準備中の考古博物館がある。まず女性館長のローザ・ヴェイトレワさんにお会いして用件を告げ、ちょうどいあわせた研究所教授K・A・アキシェフAkishev先生に紹介していただいた。アキシェフ教授は一九六九年から一九七〇年にかけて、アルマティの東方にあるイシック・クルガンという古墳を発掘し、幸運にも黄金衣装を身にまとって葬られた若い男性の墓を掘りあてた。この黄金人間とその豊富な副葬品は天山北麓のスキタイ系遊牧民の生活、歴史を知る上で貴重な資料として、世界的な反響を呼んだ。黄金人間の実物は一般展示のために二度日本へ運ばれたことがあり、その都度アキシェフ先生も来日されている。先生にはクルガンの発掘報告書として『イシック・クルガン――カザフスタンにおけるサカ人の芸術（ロシア語）』（モスクワ、一九七八）がある。アキシェフ先生はイシック古墳の年代を前五世紀とするが、言語学者のJ・ハルマッタ教授は別の視点から前二〇〇年頃とする。この古墳からサカ（塞）の実在が考えられるか。

烏孫、月氏との関係がどのように考えられるか。アキシェフ先生の考えをお聞きしたいと思う。

29…イシック古墳群
上——全景（北から）　下——クルガンに立つアキシェフ教授（左端）

◈イシック古墳

私がアキシェフ先生にイシック古墳の見学を申し出ると、先生自ら案内してくださるという。その日の午後三時、先生は研究所のジープと通訳の女性を同伴して、ホテルへ迎えに来てくださった。私たち夫婦を乗せ、ジープはアルマティの市内を抜けて郊外に出た。アキシェフ先生は途中車をとめ、街道筋のバザールでコニャックとミネラル・ウォーターを買い込んだ。気温は摂氏二〇度前後、道の両側の樹木はさまざまな色に紅葉して美しい。通訳の女性は「ゴールデン・オウタム(黄金の秋)」と表現した。この幹線道路はイリ河流域を東に向かっており、アルマティから中国国境まで三五〇キロメートルという。イリ河は新疆ウイグル自治区の天山山脈に源を発し、北疆を流れてカザフスタンに入り、バルハシ湖に注ぐ。セミレチエ(七河地方)とはこのイリ河下流域の平原を呼ぶ。

アルマティから六五キロメートルほど東に走ったところで、「右、イシック」の道路標示を見て、右(南)に折れる。道は狭くなるが、舗装されており、約二〇キロメートル進む。やがて道の左右に大小の墳丘が見えはじめた。なおも車を走らせながら、しばらく古墳群を眺めてから、もう一度もとの道を引き返し、こんどは車を草原の中に乗り入れ、丘墳間近に迫った。私たちはジープを降りて、近くの古墳に登り、そこでアキシェフ先生の説明を伺った(挿図29)。

むかし人びとはこのような山麓の緩斜面に墳墓を築いた。現在、イシック古墳群には約三〇基残る。もとは六〇基以上存在した。黄金人間の発見された古墳はずっと南の端、現在宅地となっているところに存在した。しかし今は跡形もなく消滅してしまった。大きさは径六〇メートル、高さ六メートル、中型の古墳であった。今、道の反対側、果樹園の中に見えるのが最大クラスの古墳であり(径一五〇メートル、高さ一五メートル)、それよりは小さかった。黄金人間の発見された古墳は、他の墳墓と同様に盗掘の被害を受けていた。どの古墳も今みな中央が陥没している。盗掘の跡である。しかし黄金人間は中央の墓室ではなく、その南につくられた側室に葬られていた。まったく手が着けられずに残っていた(挿図30、31)。

私が「幸運でしたね」というと、先生は「ツタンカーメンの墓のようにまれな発見であった」と、

30…イシック古墳黄金人間の出土状況
(Akishev, 1978による)

感慨深げに答えられた。当時、アキシェフ先生は四七歳、イシック古墳発掘調査の隊長であった。今は白髪の老教授となられ、そのときちょうど右手をケガされて白い包帯が痛々しい。やや赤ら顔でお酒好きの先生は、先生の大の親友である加藤九祚教授とどこか似かようところがある。私はせっかくの機会でもあり、長年悩み続けてきた疑問について質問した。有能な女性通訳のおかげでかなり突っ込んだ質問ができ、先生も丁寧に応じてくださった。

第一の質問は、黄金人間を出土したイシック古墳の年代について。アキシェフ先生の答えは、前五世紀から前四、三世紀頃という。

第二の質問はサカ（塞）とウスン（烏孫）の古墳の間に相違があるかどうか。アキシェフ先生の答え。この一五年間に、サカ（塞）のクルガン（墳墓）が約三〇〇基、ウスン（烏孫）のクルガンが約一五〇〇基発掘調査された。烏孫の墓はサカ（塞）の墓と異なり、鉄器が出現し、また出土する土器の形式も異なる。年代は前二世紀から後五世紀である。

第三の質問は、クルガンを残した人びとは遊牧民であるかどうか。先生の答え。それらの人びとは半牧半農である。ここイシックから一〇〇キロメートルほど離れた山の中にかれらの住居址が発掘された。石積み建物で、炉をそなえていた。冬のための集落である。

第四の質問は、私（小谷）は大月氏やクシャン民族に関心を持っているが、月氏についてアキシェフ先生はどのように考えておられるか。先生は中国の王炳華、エルミタージュ博物館のV・サリアニディ Sarianidi、フランスのH・P・フランクフォルト Francfort らの研究者の名前を挙げ、

31…イシック古墳出土品（Akishev, 1978による）

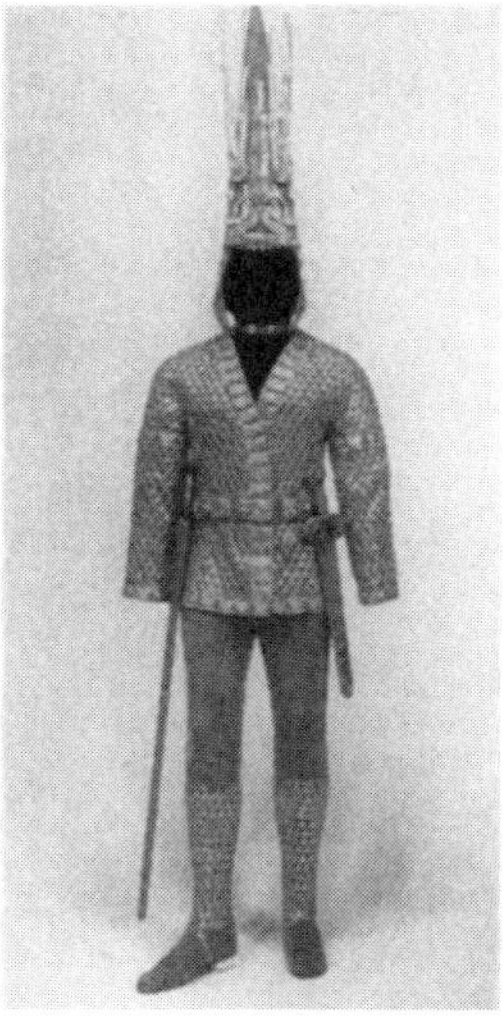

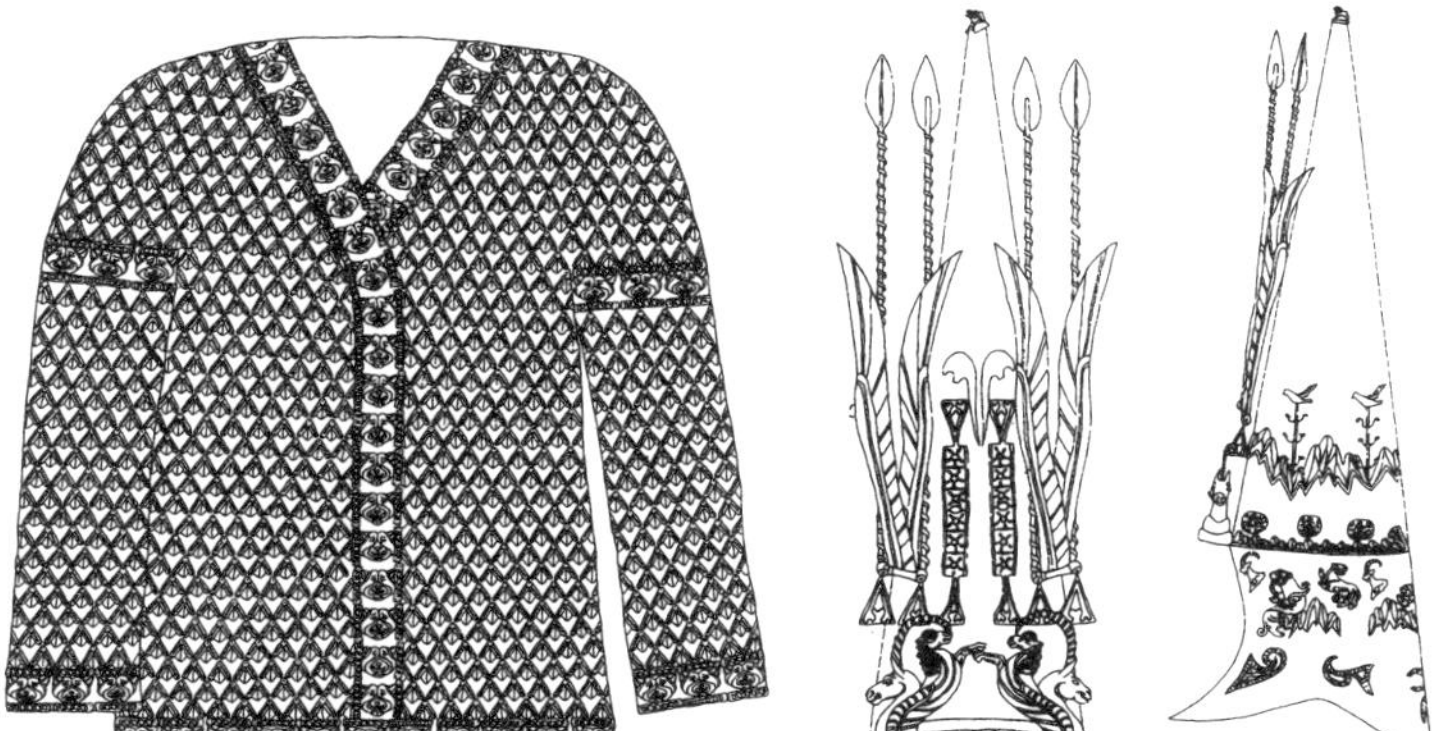

上右——銀皿に書かれた未解読文字
上左——黄金人間復元像（カザフスタン考古研究所蔵）
下———黄金人間の頭飾と上着

それらの研究を参考にされながらと思えるが、「月氏は塞と烏孫を後から押し出すようにしてこの土地を通過し、アフガニスタンへ向かっていった」と答えられた。私は「では月氏の遺跡、あるいはクルガンがカザフスタンで見つかるでしょうか」と尋ねると、意外に答えは「イエス」であった。「今から四年ほど前、チャリン河流域で多数のクルガンを発見した。一〇〇件あまりの石器も見つかっている。報告書は資金不足で未完であるが、あなたも共同して調査をしてはどうか」と。

私が聞きたかったことは一応すべて答えていただいた。私の質問が一段落すると、アキシェフ先生はおもむろにカバンの中から先ほど買ったコニャックとミネラル・ウォーターの瓶を取り出した。老先生はうれしそうに、考古学者に会えば、みなここでコニャックで乾杯するのだと言い、小さなグラスにまずコニャックをついで、私に勧めた。下戸の私は妻といっしょにやっと飲みほした。コニャックは口に甘く、お腹の中で熱くなった。その後でミネラル・ウォーターを一杯づつ飲む。次に通訳の女性が一気に飲みほした。最後に先生も乾杯。古墳ならびに周囲の美しい景色を写真に収めて、イシック古墳に別れを告げた。

翌日一〇月一五日、再びカザフスタン考古研究所を訪れて、所長のV・D・バイパコフ教授と面会し、研究所所蔵の若干の考古資料を見せていただく。イシック古墳からの出土品、オトラル出土の炭化木製浮彫、これはペンジケントの装飾パネルと同様のもので、七、八世紀のもの、セミレチエおよび中央アジア出土のサルマート（前三世紀から後三世紀にかけて南ロシア草原に居住したイラン系遊牧騎馬民族）時代のブロンズ製品などであった。仏教美術関係のものは少ない。黄金人間の精巧な模型があったが、本物もこの研究所が所蔵する。研究所は今展示室を準備中であり、入口の大きなホールは足の踏み場がないほど混乱し、急テンポで改装工事が進められていた。一九九六年一一月に完成するという。見応えのある考古博物館になるであろう。

宿泊したホテルの前方、ゴーリキ街を挟んでパンフィロフ戦士公園があり、中央にロシア正教の美しいゼンコフ教会が建っている。一九八〇年代、この建物がカザフスタン歴史・民族博物館として利用されていた。今は本来の教会に戻っているようであった。公園の木の葉はすっかり黄色に変わり、風が吹くたびにカサカサと音を立てて落葉した。アルマティ滞在の短い期間にも気温は日々下がり、晩秋を思わせた。翌日、一六日は激しい雨になった。雨の中をアルマティの飛行場からタシュケントに飛んだ。所要時間は約一時間半。往路の車の旅にくらべると、あっけない空の旅であった。タシュケントから飛行機を乗り継いで、ソウル経由で富山に無事帰着した。

終章

ユーラシア草原地帯の考古学

◈『内蒙古・長城地帯』

一九三〇年、水野清一と江上波夫はそれぞれ京都大学、東京大学を卒業後、揃って東亜考古学会の派遣する留学生として中国に滞在していた。その間、二人は数度にわたって内モンゴル、および長城地帯を踏査し、その調査報告を『内蒙古・長城地帯』(一九三五)として出版した。全体が三篇の報告から構成されているが、とりわけ第二篇の「綏遠青銅器」が大半を占めることとなった。

水野、江上の二人は当時長城地帯の綏遠(現在のフフホト市)、包頭方面で珍しい青銅器が発見されることに注目し、現地調査を試みた。青銅器の出土状況まで確認するに至らなかったが、出土地についてはおおよその見当が付いた。また当地で多数の青銅器を購入して北京に帰った。そうしてまとめあげたのが、第二篇「綏遠青銅器」であった。刀子、短剣、馬具、帯鈎など、中国本土の殷周青銅器と比較すれば、やや鋳銅が粗末であり、用途や形態に顕著な特色があった。これらはむしろスキート・シベリア文化の青銅器として知られていたものに共通する。スキート・シベリア文化はその名の示すとおり、西は黒海北岸南ロシアのスキタイ文化から、東は南シベリアのミヌシンスク地方のクルガン(古墳)文化にまで及び、その広大な範囲に共通性が見られる青

32…北アジアの考古学遺跡

銅器文化であった。まさにユーラシア北方草原地帯をおおう文化の一様式であった。

それらの青銅器を使用する人びとは主として遊牧を行ない、ウマを飼育する民族であり、ウマに二輪馬車を牽かせて移動すること、ウマに青銅製のクツワ（銜・銜留）を付けて騎乗することを知っていた。とくに騎馬技術の習得は牧畜の管理、交通手段、そして戦争に大きな効果をあげた。遊牧民は胡服騎射することによって機動性を高め、大きな勢力に結集することができた。部族の長、国王が死亡すれば、ひときわ立派な墳墓に財宝を副葬して葬られた。そのスキート・シベリア文化の一端が、中国北辺の長城地帯に及んでいる。

水野、江上の二人は長城地帯で収集した資料をスキート・シベリア式青銅器の中国型とみなし、「綏遠青銅器」と名づけた。当時それらに対する研究としては、J・G・アンダーソンの若干の報告とヨーロッパ・コレクションに対するA・ザルモニーの研究があるだけであった。水野、江上は綏遠地方で収集した青銅器を次のように分類し、叙述する。

一、銅剣、刀子、銅鏃、銅斧などの利器類
二、銜、銜留、馬面などの馬具類
三、腰帯絞金具、飾金具などの帯金具類
四、煮沸に使う銅鍑などの容器類

それぞれについて形式分類を試み、他の地域のものと比較する。比較の対象となる地域と文化は、①南シベリアのミヌシンスク青銅器文化、②東ロシアのウラル地方のアナニノ文化、③南ロシア黒海沿岸のスキタイ文化であった。結論としては、「北方ユーラシア系文化が黒海沿岸のスキタイ地方に淵源したとするならば、西から東へ順次に流伝したものと見なければならない」とした。そして綏遠青銅器の大部分が属する年代（後期）は、スキタイ動物意匠が南シベリアに輸入された前五〇〇年以後のことであり、それを受容したのは遊牧民族の匈奴であったと考えた。

第二次大戦後、中国北辺、内モンゴルから、かつて水野、江上らが望んでもかなえられなかった科学的発掘が実施され、それによる発掘資料が続出することになった。内蒙古自治区において長年にわたり調査と研究を担当した田広金、郭素新夫妻は、その成果を共著『鄂爾多斯式青銅器』（一九八六）として出版した。それは水野、江上の『内蒙古・長城地帯』（一九三五）の内容を大幅に増補、修正することを意図していた。「綏遠式」という古い名称は廃止され、「鄂爾多斯（オルドス）式」が採用された。内容は上下二編に分かれ、上編はオルドス式青銅器に対する著者の研究篇であり、下編は著者ら自らが発掘調査した報告書の再録である。研究篇では水野、江上の前著の遺物分類を踏襲しながら、発掘資料に基づいたオルドス青銅器の新しい形式分類と、そして新たな系譜論を展開する。田、郭の両氏によると、水野、江上の形式分類はもっとも詳細で、すぐれたものであるが、年代が遅く見積もられ、したがってオルドス式短剣はペルシアから東ロシア、シベリアを経由して中国北部に伝播したという結論に達した。しかし中国北辺出土の青銅短剣、小刀はさらに古い時期に遡ることが判明したとする。

◈朱開溝遺跡

最近、さらにまた田広金らはオルドス式青銅器の起源をめぐる問題に新たな発掘資料を追加した。それは一九八〇、八三、八四年における内蒙古自治区オルドス高原東部の朱開溝遺跡(住居址と墓地)の発掘成果であった。すでに発掘された面積四〇〇〇平方メートルから半地下式の家屋八七ヵ所、竪穴土坑墓三二九ヵ所、復元可能な土器五〇〇点あまり、石器、骨器、銅器八〇〇点あまりを発見した。遺跡は層位的観察から五期の文化を区別することができた。

第一期は龍山文化晩期、第二~四期は夏王朝に相当し(夏王朝の存在が確証されたわけではなく、現在知られている商代より古いとみなされる時期)、その第三期から銅製の針(長さ一〇・七センチメートル)、銅製の錐、腕環、耳環が、第四期から銅製の指環が発見された。第五期が商代早期(偃師二里頭、二里崗期)である。この時期になると、青銅製品の発見が増加する。たとえば、M一〇四〇号墓からは商代偃師城出土と同種の銅戈一本、北方式の銅剣、銅刀がそれぞれ一本出土した。今のところこれらが北方式青銅器の最古の発見例である。この北方式銅剣、銅刀は水野、江上が推定したよりもはるかに古い起源を、しかも中国北辺に持つこととなった。田広金、郭素新、そして同じく中国北方青銅器を熱心に研究する烏恩(中国社会科学院考古研究所)らは自信を持ってオルドス式青銅器の起源が朱開溝文化の分布範囲の中にあると主張する。そして南シベリアのミヌシンスク盆地を中心としたカラスク文化との関係については、カラスク青銅器には中国商代に遡るオルドス式青銅器は見られず、せいぜい西周時代のものであり、一部の研究者の主張するようなカラスク文化から中国北辺の青銅器文化が生まれたという主張は、もはや成り立たないと結論する。

以上のように、中国北辺の青銅器、中国本土の青銅器文化の「北来説」が否定されるならば、中国青銅器文化の起源についても、自生的発展とするか、それとも別の経路から伝播したと考えるか、そのどちらかに考えねばならない。現在のところ、外来説、自生説のどちらとも、判断するに十分な資料が欠けるというのが実状である。一方、古代メソポタミアの研究からすれば、メソポタミアは中国より一五〇〇年以上も早くから青銅器文化と都市文明を発達させ、それはエジプトにも、インダス文明にも影響した。それが中国の古代文明とは無関係であっただろうか。メソポタミアの商人は珍しい産物、貴金属を求めて、早くから交易の範囲を拡大していた。その触手は早くからパミールの山中に及んでいた。アフガニスタンのバダフシャン山中には旧世界で唯一のラピス・ラズリ鉱山がある。濃紺のラピス・ラズリは古代メソポタミアやエジプトにおいて、マジカルな力を持つ宝石として珍重された。さまざまな装身具、象眼細工に使用された。一九六六年、アフガニスタンの北部の山中でシュメール時代の金、銀器の遺宝が偶然に発見された。このフッロー遺宝 Fulloh Hoard は、メソポタミア商人がすでに前三〇〇〇～前二五〇〇年頃から、バダフシャンのラピス・ラズリを求めて進出していたことを物語るものであった。

ラピス・ラズリ原石はアフガニスタンのバダフシャンからメソポタミアまで、途中で段階的に加工されながら運搬された。現在、イラン高原において中継地点となった遺跡がいくつか確認され、ラピス・ラズリの運搬ルートをいくつか特定することが可能となった。おそらくそのルートを逆流して、メソポタミアの青銅器文化、都市文明が地方に伝播していったのであろう。中央アジア、トルクメニスタンのアナウ、ナマズカ遺跡は前二千年紀に青銅器文化を発達させていたことを示す。私たちがウズベキスタン南部において見学したジャルクタン、サパリテパもその流れを受けた青銅器時代遺跡であった。現在のところ、中央アジアの青銅器と南シベリアあるいは中国北辺の青銅器の間に直接的な関連が見いだされるには至っていないが、その知識、技術が草原地帯の人びとを介しながら、東方に伝播していったのではないか。先に中国青銅器文化の北来説を否定する主張を紹介したが、逆に中国北辺の青銅器文化が北上して南シベリアのカラスク青銅器文化を発達させたと主張する十分な根拠もない。したがって今のところ、中央アジアの青銅器文化が西方から南シベリアと中国北辺に別々のルートから伝播し、その後間もなしに南北の交流が生じたというのが妥当な見方ではないかと思う。また中国の青銅器文化の淵源についても、必ずしも一つのルートではなしに、北辺と中原にそれぞれ同じ頃に伝播、受容されたと考えられないだろうか。そして、その後にお互いがよく交流したことは、朱開溝M一〇四〇号墓の商式銅戈、北方式の銅剣、銅刀の共存出土の状況がよくそれを示している。

◈クルガンの民族

東アジアにおける青銅器文化の源流に関する問題に話がそれてしまったが、水野、江上が注目したように、中国北辺あるいはオルドス青銅器がスキート・シベリア文化の一環として著しい特色をそなえてくるのは、その後半期であった。それは遊牧騎馬民族の文化としての性格を示し、いわゆるスキタイの三要素と呼ばれるものが出揃うのは、その時期である。つまり①騎馬に必要な銜や銜留の青銅製馬具、②青銅三翼鏃などの武器、③動物文様（S字反転、闘争、怪獣のアニマル・スタイル）である。中国北辺に遊牧騎馬民族の匈奴が躍進しはじめ、またその西に月氏、東に東胡が勢力を誇示するのもその時期である。

私は一九九六年秋、ウズベキスタンの考古遺跡を見学後、キルギス、カザフスタンに足をのばし、かつて遊牧民族が集ったイシック・クル湖や遊牧民の残した古墳（クルガン）を実際に見ることができた。その最後にイシック古墳群のクルガンの上で、アキシェフ教授からクルガンの民族について説明を聞いた。今、その説明を反芻しながら、月氏についての考えをまとめてみたい。

◈イシック古墳の黄金人間

まずイシック古墳について。黄金人間を葬っていた古墳は直径六〇メートル、高さが六メートルであった。頂上には直径一二メートル、深さ二・三メートルのくぼみ（盗掘坑）があった。墳丘は川原石と粘土を交互に積み重ねてつくられていた。マウンドの土がすっかり除去されると、二ヵ所から墓室が出現した。中央室と南側室である。中央室はすでに盗掘されてなにも残されていなかったが、南側室は手が着けられていなかった。南室は深い墓坑の底に天山モミの丸太で組み立てられていた。墓室は三・三×一・九メートルの長方形、高さは一・三〜一・五メートルであった。丸太は直径二五〜三〇センチメートル、長さ一・五〜三・〇メートルのものであった。遺骸(男性)は墓室の北寄りに頭を西に向け、仰向けに広い板の上に寝かされていた。墓室の南と西の端に土器が置かれていた。人骨のまわり、上下から上衣を飾っていた装飾品や頭飾、靴飾が見つかった。すべて黄金片でできていた。武器類、化粧用具、容器類はみな人骨のまわりに置かれていた。墓室から見つかった副葬品は、黄金装飾品が四〇〇〇個以上、鉄製短剣が一本、金板を象眼した鉄剣一本、金箔を被せた銅鏡一枚、木製容器、土器、青銅、銀製容器が三一個であった。その中の銀製浅鉢には未解読の文字が刻まれていた。アキシェフ教授は発掘報告書の中で、その年代を前五世紀と考えたが、最近ハンガリーの言語学者のJ・ハルマッタはその未知の文字がカロシュティ文字に由来するとして解読を試み、またその年代は前三世紀の後半から末年を遡らないと結論した。

このイシック古墳南室の保存がよかったことから、墓主の頭飾、服装、靴などを正確に復元することができた。短剣、剣の形式の復元も可能であり、黄金装飾に技法、そこに施されたアニマル・スタイルの文様など貴重な研究材料となりうるものであった。

◈烏孫のクルガン

アキシェフ教授はこのイシック古墳群の発掘を始める以前、一九五七、一九五九～六一年にかけてアルマティから北東約一八〇キロメートルのイリ河北岸で、ベスシャトゥイル・クルガン群を発掘調査した。その中には王墓と考えられる大型墓があった。大型墳は直径一〇四メートル、高さ一七メートルの大きな墳丘を持っていた。その内部構造は地表のレヴェルに丸太組みで墓室、玄室、羨道をつくり、最後にその上を石でおおったものであった。みな盗掘の被害を受け、遺物はイシック古墳には及ばなかった。

ベスシャトゥイル古墳からさらにイリ河を遡っていくと中国領に入る。クルガン（古墳）の分布は連続する（挿図33）。中国領イリ河流域のクルガンについては、王炳華、王明哲の共著『烏孫研究』（新疆人民出版社、一九八三）に、次のように報告されている。王炳華はアキシェフ教授がクルガン民族の研究者として名前を挙げた中の一人である。

一九六〇年代以来、われわれ新疆文物考古研究所のメンバーは新疆北部において遺跡の分布調査を実施し、一部の地点においては重点的に発掘調査を行なった。それらの調査資料によれば、中国領内において現存する烏孫の考古学遺跡は、主として天山山脈からイリ河にかけての広々とした草原地帯に分布する。たとえば昭蘇、特克斯、新源、鞏留、尼勒克県などである。そのうち昭蘇県の木扎特草原、薩勒臥堡公社や新源県の鞏乃斯耗羊場と県城付近、特克斯県の三公社などの地域には、みな大規模な烏孫の墓葬群がある。とりわけ木扎特草原は唐代に凌山の木素爾嶺北山麓と呼ばれたところであり、巨大な墳丘が列をなして存在し、それは山口外草原に至るまで一面に分布する。大きさは直径が六五〜九五メートル前後、高さ七〜八メートルに達する。広々とした大草原の中に、独り小山のように聳え立つ姿は壮観であり、烏孫の上層貴族の墳墓であるに違いない。（前掲書一一頁）

次に昭蘇県木扎特山口（夏特）の大型古墳ＺＳＭ三号を例に挙げて説明する。この古墳は一九六〇年初に前後二年を費やして発掘されたという。

この墓の墳丘は円形、遠望すると小山のようであった。直径は六五メートル、高さ一〇メートルに達した。墳丘のまわりには浅い溝が掘られていた。大まかに見積もると、墳丘の体積は一万立方メートル、その上盛土は薄い層ごとに突き固めてある（版築）。このような巨大な古墳を建造するには、土を掘り、運搬し、徐々に突き固めながら、積み重ねていくので、その労働量から計算すれば、延べ三万人の作業を要したであろう。巨大な墳丘の内部には長方形の墓室があった。墓室は長さ六メートル、幅四メートル、高さ四メートル。直径二〇〜三〇センチメートルのマツの丸太を組んでつくられ、天井は丸太を三、四層積み重ねてつくられていた。室内はすでに盗掘をこうむっていたが、いくらかの土器、骨器、

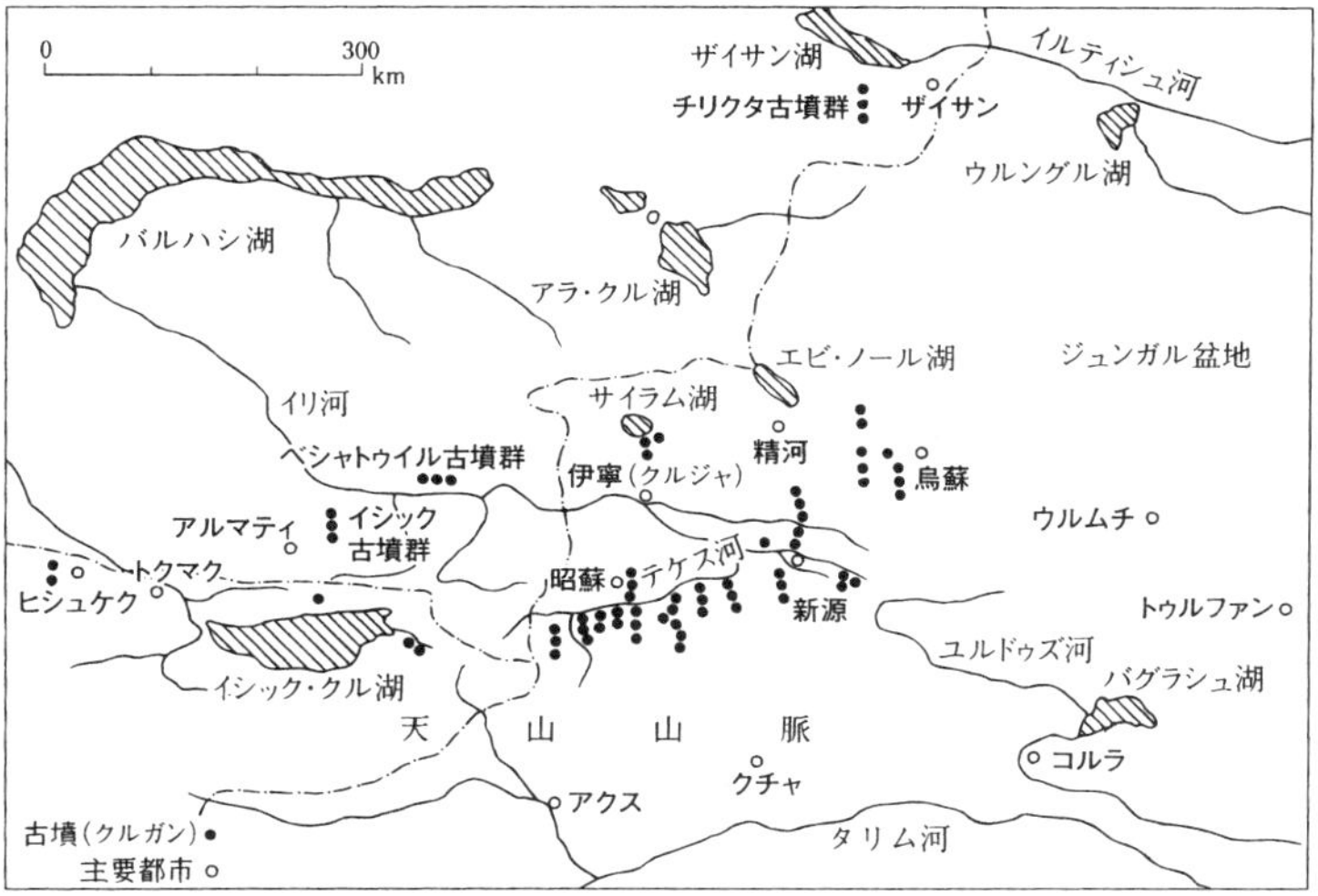

33……イリ河流域におけるサカ(月氏)、烏孫古墳の分布

小型の銅、鉄器、黄金製の装飾品、漆器破片が残っていた。そのほか墓室の下部に半月形の穴が掘られ（腰坑）、そこに四体の人骨があり、殉葬であった可能性がある。

（前掲書二一四～二一五頁）

こうした古墳（クルガン）はカザフスタン、中国領とであまり相違がない。みな山麓の斜面に南北方向に列をなして営まれていた。墳丘、ログ・ハウス的構造（木槨墓）、副葬品は基本的には同じである。天山山麓に依拠した遊牧民（移牧民）の残したクルガン（古墳）に相違ないが、それがサカ（塞）か、ウスン（烏孫）か、正確に定めることはむずかしいと思う。あるいは匈奴、月氏のものも含まれているかもしれないし、それ以外の民族がかかわるのかもしれない。また遊牧民のクルガンはイリ河流域を離れ、その東北方向の草原、山地地帯にも連続する。イルティシュ河の上流ザイサン湖南のチリクタ古墳群、オビ河上流域山地アルタイのパズィルィク古墳群、イェニセイ河上流トゥヴァ地方のアルジャン古墳群、ミヌシンスクの古墳群など、さらにバイカル湖東南部のイヴォルガ古墳、ノイン・ウラ古墳もよく知られている。しかしクルガンの民族の名はほとんど推測で、確かな根拠があるわけではない。不思議なことに中国北辺の匈奴墓と推定されるものには大きな墳丘は見あたらない。むしろ大部分は竪穴土坑墓である。

◈アニマル・スタイルの系譜

もう一度イシック古墳の黄金人間に立ち戻って、クルガンの民族とその年代について考えてみたいと思う。イシック古墳の出土品には木製容器、厚手土器など、いかにも土着製と思える副葬品があった。しかし一方でアキナケス式鉄剣や動物意匠の装飾金具などは広い意味のスキタイ芸術の範疇に属する。イシック古墳は南側槨室の保存がよかったことに加え、それが学術的な発掘によって調査されたところに高い資料価値がある。まず埋葬者のベルト(革)端に付けられた長方形の黄金飾板(八・八×四・八センチメートル、三枚)を取り上げてみたい。飾板には「前後両足を内側に折り、うずくまる動物(シカ)」の意匠があしらわれている。そのような蹲踞形の動物モチーフ(シカ、ヤギ、ウサギ、ウマ、トラ)は北方ユーラシア草原の広い範囲で愛好された(挿図34)。初期の作品は比較的自然らしい、写実的なものである。各地域の例を挙げると、

一、南ロシア、クバン流域のコストロムスカヤ古墳、金製盾飾板、高さ三一・七センチメートル
二、イラン、クルディスタン州、ジヴィエ王墓、金製腰帯飾板、幅一六センチメートル
三、カザフスタン西部、ザイサン湖南、チリクタ古墳、金製矢筒飾板、長さ七・一センチメートル
四、南シベリア、ミヌシンスク地方出土、青銅製飾板、長さ六・八センチメートル

などがある。これらはみな前七世紀から前六世紀にかけての年代があてられている。そのいずれが原型に近いのか、どの地域に源流があったのか、特定するのはなかなかむずかしい。いずれもシカが前脚を上に後脚を下に重ねてうずくまる共通の姿を取り、源流は一つと考えられる。ただ大きな角は誇張され、装飾化への傾向を示すので、強いて言うならば、チリクタ古墳とミヌシンスク地方出土の作品が、より自然らしく表現されており、オリジナル（原型）に近いといえよう。

◈スキタイ式動物文様

スキタイ式芸術の中に動物をモチーフとする意匠が多いのは、人びとの生活が家畜、野性動物と親密な関係にあったためと考えられる。確かにそれが大きな要因であるが、人びとがただ身近な動物を表現したというだけではなく、その表現方法に独特のスタイル（様式）を持っていたことが重要である。上に取り上げた①シカの蹲踞形の姿、そのほかに、②下半身を不自然なS字形にひねり、後脚をはねあげる姿、③下半身をひねり、環状になる姿、④猛禽獣が草食動物を襲う姿、あるいは動物同士闘争する姿、⑤空想的動物、たとえばワシの頭で有翼のライオン（グリフォン）の姿、⑥動物の身体の一部、あるいはいくつもの動物の身体を組みあわせた姿、などがある。

こうした独特の動物文様（アニマル・スタイル）の起源について、現在二とおりの説がある。一つは、黒海沿岸のスキタイ人が西アジアに侵入している間に、アッシリア・ペルシア芸術の影響を

34…「うずくまるシカ」図の変遷と伝播

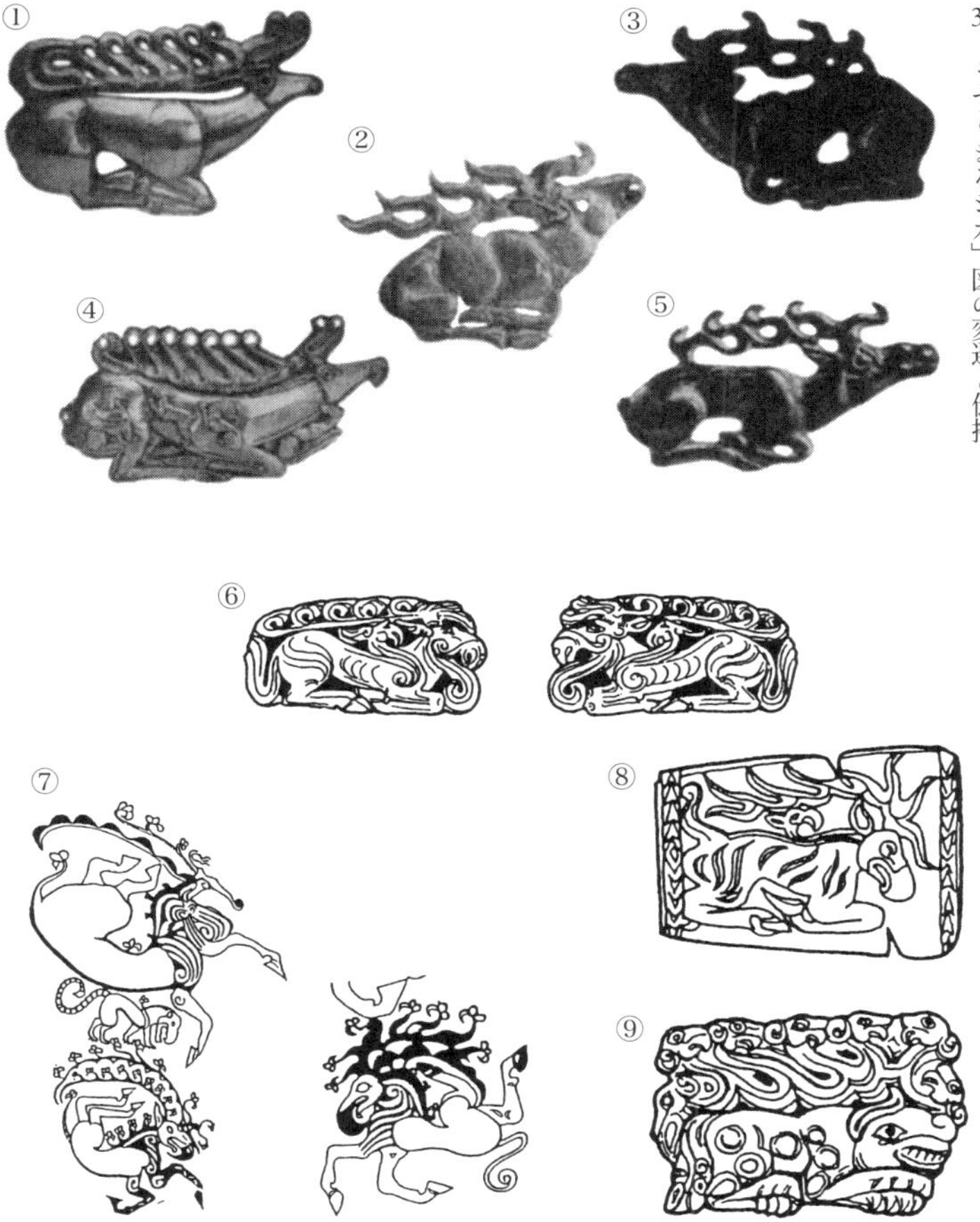

①コストロムスカヤ（南ロシア）　②チリクタ（東カザフスタン）　③ミヌシンスク（南シベリア）　④クル・オバ（南ロシア）　⑤ミヌシンスク（南シベリア）　⑥イシック・クルガン（カザフスタン）　⑦パズィルィク第2号墳（アルタイ）　⑧西溝畔（オルドス）　⑨阿魯柴登（オルドス）

受けてつくりあげたという説（西アジア起源）。スキタイの王墓出土といわれる「ジヴィエの遺宝」がそれにあたる。確かに動物闘争文様、空想的動物のグリフォン、動物の身体の一部（頭）の装飾化することなどはアッシリア芸術に見られ、またその伝統はアケメネス・ペルシアの芸術に受け継がれた。しかし上に紹介したアニマル・スタイルがすべて揃っているわけではない。

第二の説は南シベリア起源。最近になってこの説を補強する強力な材料が発見された。それは一九七一～七四年に南シベリアのトゥヴァでM・P・グリャズノフによって発掘調査されたアルジャン古墳である。この古墳はイェニセイ河上流の山地草原（ウユク盆地）にあり、近辺の古墳群の中で最大級のものであった。墳丘の高さは四メートルとあまり高くないが、直径は一二〇メートル。その中心部にカラマツの丸太を組みあわせ、二重の方形槨室（内四・四×三・七メートル、外八×八メートル）をつくり、内側に墓主（夫婦）、外側に殉葬者八人とウマを葬っていた。さらに中心槨室の外側には放射状に丸太で小部屋七〇あまりをつくり、その中にヒト数人、ウマ一六一頭を殉葬していた。青銅器時代から鉄器時代にかけて進歩し、階級分化した遊牧騎馬民族社会を背景として、墓主（部族長）にいかに大きな権力と多くの富が集中していたかが窺える。すでに副葬品のほとんどが盗掘されてしまっていたが、発掘中になおアキナケス式青銅剣、青銅製の銜（二枚式、鐙形環）、ヒョウが身体をひねった姿の環状装飾（直径二五センチメートル）などが見つかった。そこにはスキタイ文化の三要素として知られる武器、馬具、動物文様が出揃っていた。しかも黒海沿岸のスキタイ本土のものより古式であり、動物文様は簡潔で、力強い表現を持つ。黒海沿岸のスキタイ芸術が発生するのは前七~前六世紀であるが、アルジャン古墳はそれに先行する前八世紀の年代が与えられる(アルジャン期スキタイ文化)。

アルジャン古墳から「蹲踞式動物」の出土はなかったが、竿頭に付く青銅製ヤギの写実的な作品があり、ヒョウの環状装飾とともに「蹲踞するシカ」についても、アルジャン古墳周辺の南シベリアに源流を求めてよいだろう。しかしそれだからといって、ただちにスキタイ人の原郷をアルジャン古墳周辺に求めたり、あるいはスキタイ人の民族移動に結びつける必要はないと思う。アルジャン古墳の出土品に西アジアから輸入されたトルコ石や豪華な織物が存在したように、むしろユーラシア北方草原地帯を舞台とした騎馬民族世界の交流の頻度、速度を強調したい。至るところで情報の発信、受信が可能であった世界に人びとは生活していたのである。

◈動物文様の変化

もう一度イシック古墳の腰帯飾板に目を向けてみよう。シカの角が装飾化して前後に大きくのび、顎の下にヒゲがのびる。またシカの肩に翼が付くようになって、その先端がトリの頭に終わる。シカが空想動物化し、もはや写実的なシカと大きくかけ離れることに気づかれよう。このような変化は西アジア芸術の影響に基づく。同様にイシック古墳のもう一つの黄金飾板に描かれるS字形に身体を反転させたトラにも翼が付いている。ユーラシア北方草原地帯の東方世界では、蹲踞するシカの自然らしい表現伝統が比較的よく保持されたが、西方世界では装飾化が進んだ。

たとえばクリミヤ半島のクル・オバ古墳出土の金製盾飾板（長さ三一・五センチメートル、前五世紀）のシカを見ると、コストロムスカヤの作品と一見よく似ているが、表現がやや硬直し、しかも身体に別の動物が重ねて表現される。角の末端はヤギの頭に終わる。イシック古墳のシカに移行する中間形式であるといえる。

空想動物の文様化の流行はイシック古墳だけではなく、さらに東方に及んでいる。まずオルドス地方の西溝畔M二号墓の金製飾板（九×六センチメートル）はイシック古墳の作品を一段と装飾化したものである。蹲踞の姿、大きな角、背中にトリの頭が付くのは似ているが、動物はもはやシカではなく、トリの頭のグリフォンである。またオルドスの阿魯柴登出土の金製飾板（四・五×三・一センチメートル）も同じ傾向を示す。これらは趙の武霊王が「胡服騎射」の習俗を採用した時期（前三〇七）に、中国で匈奴人のために製作したものらしい。次いで山地アルタイのパズィルィク古墳群にも空想的動物文様が多く出土する。とくに第二号墓の遺体に残されたファンタスティックな動物のイレズミは躍動感に満ちている。年代はオルドスの作品とほぼ同時代であろう。

◈月氏の考古学遺物

このような東アジア遊牧世界における新しい動物意匠の到来について、バンカー Emma C. Bunker はアレキサンダー大王の東方遠征によってバクトリア周辺の遊牧民族が圧迫され、東に押し出されたことによると考えた。かれらは強大な軍事力を持つ騎馬民族であった。そのうちの中国西北辺境を征服、支配したのが月氏であろうという。かれらは中国北辺に「胡服騎射」の戦術を普及させ、新しい動物意匠の腰帯金具などを持ち込んだ。空想動物の意匠はオルドスばかりでなく、最近はより西方の寧夏回族自治区固原地方からも発見されている。なおE・C・バンカーは匈奴が月氏を中国西北辺境から追放した後、空想的動物意匠や動物闘争文様はかげをひそめ、動物や人間の写実的表現が多く使用されるようになると言う。

以上のように考えてくると、イシック古墳の年代は、アキシェフ教授が発掘当初想定した前五世紀よりも遅く、前四世紀後半となろう。その年代の方が出土文字資料や鉄剣などの時期にもふさわしい。

◈謎の月氏民族

E・C・バンカーの示唆のおかげで、中国西北辺境に出現した騎馬民族月氏の姿を初めて垣間見ることができた気がする。匈奴とは異なる西方人の月氏であった。しかし月氏の居住、活動した範囲はどこまでか。イシック古墳、パズィルィク古墳も月氏のものか。そう考えてくると、やはりその背後はかすんでしまう。アキシェフ教授はイシック古墳をサカ人の古墳とみなしたが、「サカ」という呼称もあまり明白ではない。ただ、ヘロドトスの記述するサカ(サカイ)は比較的具体性を持った民族である。かれらは第一五サトラピー(州)に属し、納税の義務を負い、またクセ

①前3世紀頃——月氏は中国西北辺境に進出。アム・ダリア流域にはギリシア人がバクトリア王国を建てる。

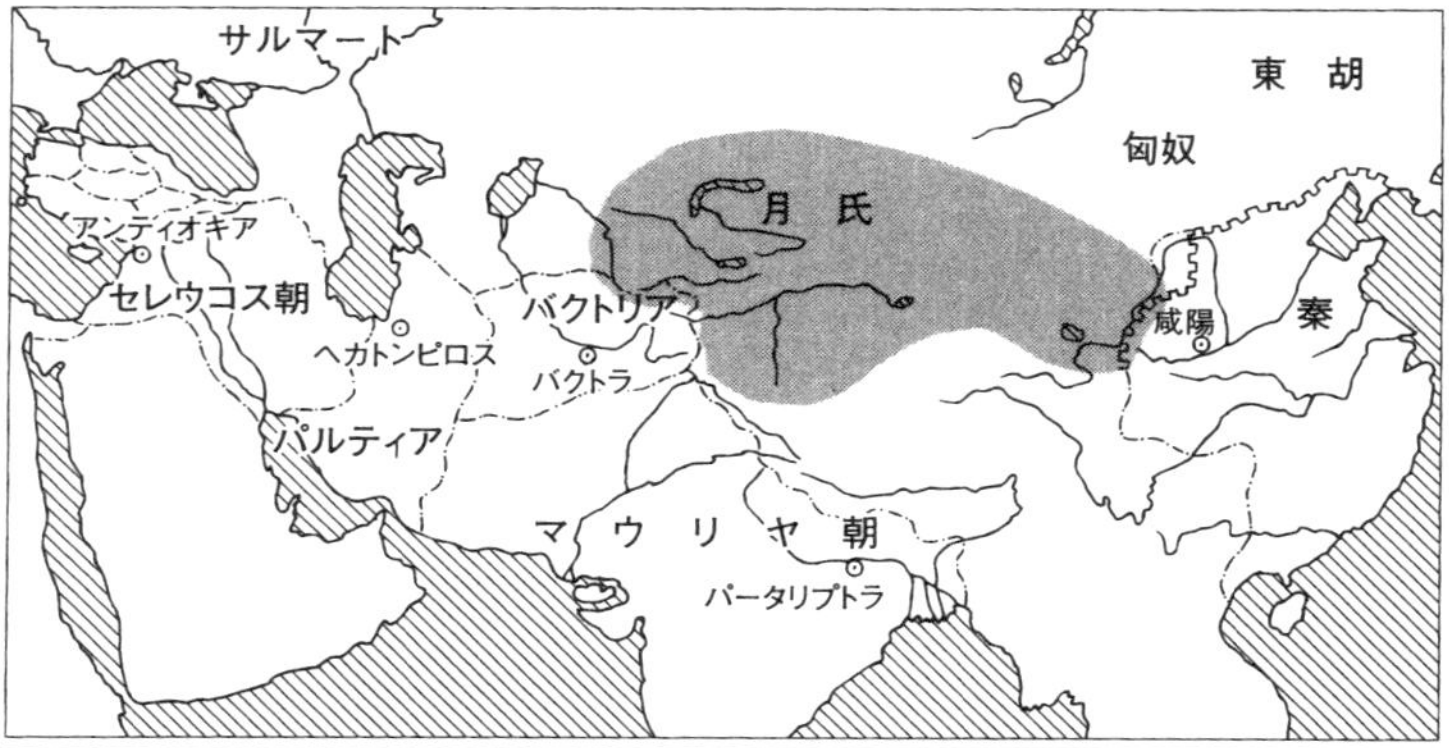

②前2世紀頃——匈奴に敗れた月氏は東方より退き、アム・ダリア流域に侵入してバクトリア王国を滅ぼす。

③前1～後1世紀頃——漢が匈奴を退けて西域を支配。月氏（スキタイ）はパルティアに侵入、またその一部は南下してインドに進出。

④後2世紀頃——月氏に出自するクシャン王朝が成立。
中央アジアからインドにわたって強大な帝国を築く。

ルクセス王（アケメネス朝ペルシアの王。在位前四八六〜前四六五）のギリシア遠征のさいには、インド、バクトリア部隊などとともに従軍した。かれらは尖り帽子を被り、ズボンをはき、狩猟の弓と短剣を持った騎馬民族のいでたちであった（『歴史』巻七—六四）。ヘロドトスは同時に「ペルシア人はスキタイ人をすべてサカ（サカイ）人と呼ぶ」とも付け足すので、その指し示す範囲はスキタイ風文化を共有するアジアの遊牧民すべてに及ぶ可能性があった。そのようなサカを『漢書』西域伝の「塞」民族と同一視することは無理なことであり、またそれを烏孫、月氏と並べることも無理がある。イリ河流域のサカあるいは烏孫のクルガン（古墳）とみなされている中に、月氏のクルガンがあるかもしれない。また月氏の原郷であり、匈奴に追われて撤退したアム・ダリア北岸にも同じクルガンが発見される可能性もある。

◈月氏民族の正体

本書の「まえがき」で月氏に二つの顔があることを指摘したが、その実体が一つなのか、二つなのか。第四章の末尾で少し述べたように、遊牧民月氏とクシャン王朝をまったく無関係と切り離すには問題が残る。まず貴霜（クシャン）翕侯の翕侯という名称は、遊牧民の支配形態にかかわる用語である。またクシャン翕侯が他の翕侯を併呑し、ガンダーラ、インドにまで征服、支配を及ぼすには、いわゆる騎馬民族の武力と機動性が必要である。「商売に長けるが、武勇さを欠く」といわれた大夏の定住民には不可能なことである。やはりクシャン王朝の主体は遊牧民月氏であろう。しかし、ガンダーラ美術に多くの影響を及ぼしたクシャン人の性格を考えるとき、とくにかれらが中国西北辺境の遊牧民であったとする形跡を見いだすことはむずかしい。むしろ、アム・ダリア流域（バクトリア）の住民である要素の方が濃厚であった（バクトリア語の使用、死者の口に貨幣を含ませる習俗、服装など）。

したがって現在、私は次のように推論したい。月氏もクシャン王朝もともにアム・ダリア流域を本拠とした同一遊牧民集団であった。かれらの一部は紀元前三、四世紀に騎馬遊牧民族として中国の西北辺境に進出し、遊牧よりも商業活動に精を出した。新興匈奴との抗争に敗れ、前二世紀中頃、勢力を本拠のアム・ダリア流域に引きあげた。その後かれらは南方に目を転じ、バクトリア・ギリシア人の跡を追ってインドとの関係を深めた。やがてインドを通じて地中海ローマ世界と結びつきを持ちはじめた。それがクシャン王朝の勃興の背景であり、クシャン王朝はローマ、インド、そして陸路中国との国際貿易の仲介を担うことで大きな帝国に成長した。東西文化を融合するガンダーラ仏教美術が成立するのも、そのようなクシャン帝国の国際的環境の中であった。月氏・クシャン人はシルク・ロード上に輝いた最初の騎馬遊牧民族であったといえる。

あとがき

一九九七年春、本書の最後の章に取りかかっているとき、横浜市根岸台の「馬の博物館」において「大草原の騎馬民族――中国北方青銅器」の特別展が開催された。さっそく参観させていただいた。まず入口付近、最初に目にとびこんできたのは、中国オルドス地区朱開溝出土の青銅短剣と青銅刀子とであった。現在のところ、それらが北方式青銅器の最古の遺物である。その年代(前一五〇〇頃)は中国本土の青銅器出現と肩を並べるほどの古さであることは、本書終章において紹介した。そのほかスキタイ式の馬具や装飾品など、最近話題の貴重な遺物が一堂に展示されて、地味ではあるが、主催者側の熱意と苦心が伝わってくる見応えのある展示であった。

今回、展示目録の解説を担当する高浜秀氏は東京国立博物館に所蔵される中国北方青銅器を中心に緻密な研究を発表しており、また数人の研究者仲間とともにニュース・レター『草原考古通信』を発行して、ロシア、中国における最新の草原考古学研究情報を日本に紹介してきた。私も創刊号（一九九三）から近刊一〇号まで送付していただき、その都度多くの刺激と示唆を受けることができた。この草原考古研究会の主張の一つに、いわゆるスキタイ三要素（武器、馬具、動物文様）が従来考えられていたように、南ロシアから東アジアへと伝播したのではなく、東アジアから、人の移動をともなって、西方に伝播、移動していったとする発想がある。中国の研究者も同じように発想していることは本書中にも述べた。

また最近、アメリカのサックラー氏の中国北方青銅器コレクションの詳細なカタログが出版され、編者のE・C・バンカー氏はその中で最新の研究を披露している。同書の巻末には約八〇〇点の文献目録が載せられており、中国北方青銅器に関する最近までの研究がほぼ網羅されて便利である。私としては将来、草原考古の中に月氏の存在が位置づけられるのを期待し、楽しみにしている。

私が月氏の研究を始めてから四〇年近くになる。本書に紹介した考古学発見の大部分は当初には何一つ予想できなかったものであった。改めて四〇年という歳月の長さの貴重さを感ずるとともに、また近き将来になにか新しい発見があって、思わぬ展開にならないとも限らないという期待が持てる。結論をあせらず、気長に、忍耐強く調査、研究のなりゆきを見守ることも必要であろう。

末尾になったが、本書を完成するにあたり、最初から最後まで辛抱強く励まし、有益な助言をくださった東方書店出版部の阿部哲氏に心よりお礼を申し上げたい。

月氏関連年表

年	事項
前五五〇	アケメネス朝ペルシア成立（〜前三三一）。
五一八	アケメネス朝のダリウス一世、ガンダーラ地方領有。
四〇〇	この頃、サルマート人が黒海沿岸のステップ地帯を支配。
三三六	マケドニアのアレキサンダー三世（大王）即位（〜前三二三）。
三三四	アレキサンダー、東方遠征を開始。この頃、イシック古墳建造。
三二七	アレキサンダー、西北インドに侵入。
三〇〇	この頃、セレウコス朝がインドのマウリヤ朝にメガステネスを派遣。
二五〇	この頃、バクトリア太守ディオドトス、セレウコス朝より独立。バクトリア王国成立。
二四七	アルサケス朝パルティア成立（〜後二二四）。
二二一	秦の始皇帝、中国を統一。
二〇九	匈奴の冒頓単于即位（〜前一七二）。
二〇二	漢成立（〜後八）。
一七六	この頃、冒頓単于、月氏を大破。
一七五	この頃、バクトリア王デメトリオス、西北インドに侵入。

一六六 この頃、ギリシア人王メナンドロス、西北インドを支配(〜前一五〇)。
一六一 この頃、月氏、匈奴に追われて西遷。
一四五 この頃、月氏、バクトリア(大夏)を滅ぼす。アイ・ハヌムのギリシア人都市滅亡。
一四一 漢の武帝即位(〜前八七)。
一三九 武帝、大月氏に張騫を派遣。
一二九 張騫、大月氏に至る。
一二八 パルティアのフラーテス二世、スキタイ人と交戦中陣没。
一二六 張騫、漢に帰還。
一二四 パルティアのアルタバヌス二世、スキタイ人と交戦中陣没。
一二三 漢の将軍衛青、匈奴を大破。
一二一 漢の将軍霍去病、匈奴を大破。
一〇四 漢の将軍李広利、大宛に遠征(〜前一〇一)。
九〇 この頃、インド・スキタイ族の王マウエス、ガンダーラに侵入。
五七 インド・スキタイ族の王アゼス一世即位。
後
二〇 この頃、南インドのアリカメドゥー、ローマとの貿易で繁栄。
二五 後漢成立(〜二二〇)。この頃、ティリア・テペ墓が営まれる。
二六 この頃、インド・パルティア人の王ゴンドファーレス、西北インドを支配(〜四六頃)。
三〇 この頃、ゴンドファーレス、ガンダーラ地方を支配。

五〇 この頃、ガンダーラ美術誕生。
六〇 この頃、クシャン朝成立。王クジュラ・カドフィセス、西北インドに侵入。
七五 この頃、インド・ローマ間の海上貿易繁栄。
九一 後漢、班超を西域都護に任命。
九四 班超、焉耆・尉犂を破る。西域諸国、後漢に服属。
一〇〇 この頃、クシャン朝ヴィマ・タクトゥ即位。
一〇七 後漢、西域都護を廃止。以後、西域における後漢の勢力後退。
一一九 この頃、西クシャトラパの王ナハパーナ、西インドを支配(～一二四頃)。
一二〇 この頃、クシャン朝ヴィマ・カドフィセス即位。
一四三 この頃、クシャン朝カニシュカ一世即位。スルフ・コタル神殿、ラバタク碑文建立。
一五〇 この頃、西クシャトラパの王ルドラダーマン、西インドを支配。
一七一 この頃、クシャン朝フヴィシュカ即位。
二〇三 この頃、クシャン朝ヴァースデーヴァ即位(～二四一)。
二二〇 魏成立。三国時代開始(～二八〇)。
二二四 ササン朝ペルシア成立(～六五一)。
二三〇 ヴァースデーヴァ(大月氏波調)、魏に使節を派遣。
二四一 この頃、ササン朝のシャープール一世、西北インドに進出。以後、クシャン朝衰退。

挿図(表)目次

上――ローマ金貨　下――パルティア銀貨

16…ティリア・テペ第四号墓、馬頭骨、木棺、復元男性像（Sarianidi, 1989による）

17…ティリア・テペ第四号墓

上――短剣黄金鞘（長二六センチメートル）　下――インド金貨（径一・六センチメートル、四・三三グラム）

18…ティリア・テペ第六号墓、断面と平面図、復元女性像（Sarianidi, 1989による）

19…ティリア・テペ第六号墓（Sarianidi, 1985による）

上――中国鏡（連弧文清白鏡、径一七センチメートル）　下右――青銅柄鏡（高二四センチメートル）

下左――ガラス瓶二個（高一〇センチメートル、五センチメートル）

20…アム・ダリア、シル・ダリア流域の考古学遺跡

21…ダルヴェルジン・テペ都城址平面図（発掘報告書、一九九六による）

22…ダルヴェルジン・テペ遺跡

上――DT・25の仏像の部屋内部　下――遺跡に立って説明するトゥルグノフ教授

23…ダルヴェルジン・テペ出土の仏、菩薩像（塑像）

上左――仏頭（高四〇センチメートル）　上右――ブッダの着衣と脚部（高九六センチメートル）　下左――束髪形菩薩（高一七六センチメートル）　下右――宝冠（ターバン）形菩薩（高一〇〇センチメートル）

24…黄金遺宝とそれを内蔵していた壺（高五〇センチメートル）（*Culture Art of Ancient Uzbekistan*, 1991による）

25…サマルカンドへの道（峠よりシャフリ・サブズを振り返る）

26…クラスナヤ・レーチカ遺跡

上――城砦の丘　下――涅槃像寺院の付近（左端ゴリャチェワ氏）

27…三尊仏碑像（赤色砂岩、七世紀末、高六〇センチメートル）

参考文献

まえがき

小谷仲男『ガンダーラ美術とクシャン王朝』同朋舎出版、一九九六。
J. M. Rosenfield, *The Dynastic Arts of the Kushans.* Berkley and Los Angeles, University of California Press 1967.

序　章

小川環樹他訳『史記列伝』全五冊、岩波文庫、一九七五。

小竹武夫訳『漢書』全八冊、筑摩書房・ちくま学芸文庫、一九九八。

小南一郎他訳『三国志』二（魏書）、筑摩書房、一九八二。

内田吟風、田村実造訳注『騎馬民族史——正史北狄伝』一、平凡社・東洋文庫、一九七一。

内田吟風『北アジア史研究』匈奴篇、同朋舎、一九七五。

大庭修『木簡』学生社、一九七九。

江上波夫『ユウラシア古代北方文化——匈奴文化論考』全国書房、一九四八。

江上波夫『ユウラシア北方文化の研究』山川出版社、一九五一。

護雅夫、三上次男、佐々木重男『中国文明と内陸アジア』講談社、一九七四。

護雅夫、神田信夫編『北アジア史（新版）』山川出版社、一九八一。

護雅夫、岡田英弘編『中央ユーラシアの世界』山川出版社・民族の世界史四、一九九〇。

川又正智『ウマ駆ける古代アジア』講談社選書メチエ、一九九四。

沢田勲『匈奴——古代遊牧国家の興亡』東方書店・東方選書、一九九六。

森本公誠『イブン＝ハルドゥーン』講談社・人類の知的遺産二二、一九八〇。

イブン・ハルドゥーン著、森本公誠訳『歴史序説』第三巻、岩波書店、一九七九〜一九八七。

宮崎市定『東洋における素朴主義の民族と文明主義の社会』冨山房、一九四〇（『宮崎市定全集』第二巻、岩波書店、一九九二所収）。
F. Rosenthal, *Ibn Khaldûn: The Muqaddimah, An Introduction to History*, New York 1967.

第一、二章

長沢和俊『張騫とシルク・ロード』清水書院・清水新書、一九八四。

田川純三『シルクロードの開拓者　張騫』筑摩書房・ちくまライブラリー、一九九一。

ヘロドトス著、松平千秋訳『ヘロドトス』筑摩書房・世界古典文学全集、一九六七。

白鳥庫吉『西域史研究』上、岩波書店、一九四一。

桑原隲蔵『東西交通史論叢』（『桑原隲蔵全集』第三巻、岩波書店、一九六八所収）。

松田寿男『松田寿男著作集』一・砂漠の文化、六興出版、一九八六。

松田寿男『松田寿男著作集』三・東西文化の交流I、六興出版、一九八七。

江上波夫『アジア文化史研究』論考篇、山川出版社、一九六七。

榎一雄『榎一雄著作集』第一巻　汲古書院、一九八五。

藤田豊八『東西交渉史の研究』西域篇、岡書院、一九三三。

松田寿男『古代天山の歴史地理学的研究』早稲田大学出版部、一九五六、七〇。

角田文衛『増補　古代北方文化の研究』新時代社、一九七一。

宮崎市定『西アジア遊記』中公文庫、一九八六。

水野清一『中国の仏教美術』平凡社、一九六八。

史学会編『東西交渉史論』上巻、冨山房、一九三九。

張西曼『西域史族新考』中国辺疆学術研究会出版、南京、一九四九。

余太山『塞種史研究』中国社会科学出版社、北京、一九九二。

王炳華『絲綢之路考古研究』新疆人民出版社、ウルムチ、一九九三。

林梅村『西域文明』東方出版社、北京、一九九五。

林梅村『漢唐西域与中国文明』文物出版社、北京、一九九八。

張家川回族自治県博物館「張家川馬家塬戦国墓地二〇〇七～二〇〇八年発掘簡報」『文物』二〇〇九―一〇。

張家川回族自治県博物館「二〇〇六年度張家川回族自治県馬家塬戦国墓地発掘簡報」『文物』二〇〇八―九。
A. F. P. Hulsewé and M. A. N. Loewe, *China in Central Asia*. Leiden 1979.
D. W. MacDowall, Numismatic Evidence for the Date of Kaniska. (A.L.Basham ed., *Papers on the Date of Kaniska*. E. J. Brill 1968.)
J. Cribb, The Sino-Kharosthi Coins of Khotan. *Numismatic Chronicle* 1984, 1985.

第三章

P. Gardner, *The Coins of the Greek and Scythic Kings of Bactria and India in the British Museum*. London 1886.
A. Foucher, La vieille route de l'Inde de Bactres a Taxila. *Memoires de la Délégation Archéologique Française en Afghanistan* [*MDAFA*] I, Paris 1942-1947.
J. Hackin, *Diverses recherches archéologiques en Afghanistan* (*1933-1940*) . *MDAFA* VIII, Paris 1959.
J. Hackin, *Recherches archéologiques à Bégram* (*1937*) . *MDAFA* IX, Paris 1939.

J.Hackin, *Nouvelles recherches archéologiques à Bégram (1939-1940). MDAFA* XI, Paris 1954.

J.-C. Gardin, *Céramiques de Bactres. MDAFA* XV, Paris 1957.

R. Curiel et G. Fussman, *Le trésor monétaire de Qunduz. MDAFA* XX, Paris 1965.

P. Bernard et al., *Fouilles d'Aï Khanoum* I-VIII. *MDAFA* XXI, XXVI-XXXI, XXXIII, Paris 1973-1992.

D.Schlumberger, G. Fussman et al., *Surkh Kotal en Bactriane* I, II. *MDAFA* XXV, XXXII, Paris 1983-1990.

J.Marshall, *Taxila.* Cambridge 1953.

村川堅太郎訳『エリュトゥラー海案内記』生活社、一九四六、中公文庫、一九九三。

高田修『仏像の起源』岩波書店、一九六七。

高田修『仏像の誕生』岩波新書、一九八七。

水野清一他『アフガニスタン古代美術』日本経済新聞社、一九六四。

宮治昭、モタメディ遥子編『シルクロード博物館』講談社、一九七九

モタメディ遥子『シルクロードの十字路で――アイ・ハヌム遺跡訪問記』実業之日本社、一九七六。

前田耕作『バクトリア王国の興亡』第三文明社・レグルス文庫、一九九二。

ストラボン著、飯尾都人訳『ギリシア・ローマ世界地誌』全二巻、龍溪書舎、一九九四。

プトレマイオス著、中務哲郎訳『プトレマイオス地理学』東海大学出版会、一九八六。

第四章

Nicholas Sims-Williams and Joe Cribb, A New Bactrian Inscription of Kanishka the Great. *Silk Road Art and Archaeology* 4 (1995/96). Kamakura 1996, pp.75-142.

Nicholas Sims-Williams, Further Notes on the Bactrian Inscription of Rabatak, with an Appendix on the Names of Kujula Kadphises

and Vima Taktu in Chinese. *Proceedings of the Third European Conference of Iranian Studies.* Part 1, Wiesbaden 1998, pp.79-92, pls.9-12.
B.Mukherjee, The Great Kushana Testament. *Indian Museum Bulletin*, Calcutta, 1995 (1998), pp.1-106, pls.I-XII.
Gerard Fussman, L'inscription de Rabatak et l'origine de l'ère śaka. *Journal Asiatique* 286, 1998, pp.571-651.
J.Harmatta ed., *History of Civilization of Central Asia.* Vol.II (700 B.C. to A.D.250), UNESCO 1994.
A.Litvinsky ed., *History of Civilization of Central Asia.* Vol.III (A.D.250 to 750), UNESCO 1996.
H. Falk, The Name of Vema Takhtu. W. Sundermann ed., *Exegisti monumenta: Festschriftin Honour of Nicholas Sims-Williams.* Harrassowitz, Wiesbaden 2009, 105-116.
護雅夫編『漢とローマ』平凡社・東西文明の交流一、一九七〇。

平山郁夫コレクション『シルクロード・コイン美術展カタログ』古代オリエント博物館、一九九二。

小谷仲男「シノ・カロシュティ貨幣の年代——付録『後漢書』西域伝訳注」『富山大学人文学部紀要』第三〇号、一九九九。

小谷仲男「安息雀（ダチョウ）の原産地——『後漢書』西域伝、条支国補注」『富山大学人文学部紀要』第三一号、一九九九。

第五章

V.I.Sarianidi, *Bactrian Gold, from the Excavations of the Tillya Tepe Necropolis in Northern Afghanistan.* Leningrad 1985.
V.I.Sarianidi, *Afghanistan: sokrovishcha bezymyannykh tzarej.* Moscow 1983.
V.I. Sarianidi, *Khram i Nekropoli. Tillyatepe.* Moscow 1989.
F. Grenet, *Les pratiques funéraires dans l'Asie centrale sédentaire de la conquête grecque à l'islamization.* Paris 1984.

V・I・サリアニディ著、加藤九祚訳『シルクロードの黄金遺宝――シバルガン王墓発掘記』岩波書店、一九八八。

馬鳴著、鳩摩羅什訳『大荘厳論経』（『大正新修大蔵経』第四巻、『国訳一切経』本縁部第八冊所収）。

定方晟『異端のインド』東海大学出版会、一九九八。

第六章

水野清一編『ドゥルマン・テペとラルマ（アフガニスタンにおける仏教遺跡の調査　一九六三～一九六五）』京都大学、一九六八。

加藤九祚『中央アジア遺跡の旅』ＮＨＫブックス、一九七九。

加藤九祚『中央アジア北部の仏教遺跡の研究』シルクロード学研究センター、一九九七。

創価大学、ハムザ記念芸術学研究所編『南ウズベキスタンの遺宝』創価大学出版会、一九九一。

創価大学、ハムザ記念芸術学研究所編『ダルヴェルジンテパ DT25（一九八九～一九九三、発掘調査報告）』創価大学、一九九六。

田辺勝美、前田耕作『世界美術大全集』東洋編、第一五巻・中央アジア、小学館、一九九八。
G.A.Pugachenkova, *Khalchayan.* Tashkent 1966.
G.A.Pugachenkova, *Les trésors de Dalverzine-tépé.* Leningrad 1978.
G.A.Pugachenkova, E.V.Rtveladze et al., *Dal'verzin-tepe.* Tashkent 1978.
G.J.Stavisky, *La Bactriane sous les Kushans.* Paris 1986.
G.Frumkin, *Archaeology in Soviet Central Asia.* E.J.Brill 1970.
Culture and Art of Ancient Uzbekistan. 2 vols. Moscow 1991.

第七章

ボリス・ジューコフ著、加藤九祚訳『湖底に消えた都――イッシク・クル湖探険記』角川新書、一九六三。

ヤクボーフスキー他著、加藤九祚訳『西域の秘宝を求めて――スキタイとソグドとホレズム』新時代社、一九六九。

玄奘著、水谷真成訳『大唐西域記』平凡社・中国古典文学大系二二、一九七一。

前嶋信次『東西文化交流の諸相』誠文堂新光社、一九七一。

石黒寛編『もう一つのシルクロード――草原民族の興亡と遺産』東海大学出版会、一九八一。

『シルクロードの遺産――古代、中世の東西文化交流』日本経済新聞社、一九八五。
K. A. Akishev, *Kurgan Issik-Iskusstovo Sakav Kazakhstana.* Moscow 1978.
G. Azarpay, *Sogdian Painting.* Berkeley and Los Angeles, University of California Press 1981.
Ehsan Yar-Shater ed., *The History of al-Ṭabarī, an annotated translation.* 39 vols. New York 1985-1999.

終章

江上波夫、水野清一『内蒙古・長城地帯』東亜考古学会、一九三五。

王炳華、王明哲『烏孫研究』新疆人民出版社、ウルムチ、一九八三。

田広金、郭素新『鄂爾多斯式青銅器』文物出版社、北京、一九八六。

田広金、郭素新『中国青銅器全集』第一五巻・北方民族、文物出版社、北京、一九九五。

『南ロシア騎馬民族の遺宝展――ヘレニズムとの出会い』朝日新聞社、一九九一。

『大草原の騎馬民族――中国北方の青銅器』東京国立博物館、一九九七。

高浜秀『中国北方青銅器の研究』(平成七―九年度科学研究費研究成果報告)一九九八。

鈴木治『ユーラシア東西交渉史論攷』国書刊行会、一九七四。

梅原末治『蒙古ノイン・ウラ発見の遺物』東京・東洋文庫、一九六〇。

藤川繁彦編『中央ユーラシアの考古学』同成社、一九九九。

雪嶋宏一『スキタイ騎馬遊牧民族国家の歴史と考古』雄山閣、二〇〇八。

S・ルデンコ著、江上波夫、加藤九祚訳『スキタイ芸術』新時代社、一九六九。

I・B・グラシンスキー著、穴沢咊光訳『スキタイの黄金遺宝』六興出版、一九八二。

L・I・アルバウム、B・ブレンチェス著、樋口大介、高浜秀訳『黄金の番人——古代の中央アジア』泰流社、一九八三。
A. Salmony, *Sino-Siberian Art in the Collection of C. T. Loo.* Paris 1933, Rep. Bangkok 1998.
N. L. Tchlenova, La cerf scythe. *Artibus Asiae,* XXVI-2, Ascona 1963, pp.27-70.
S. I. Rudenko, *Kul'tura Naselenija Gornogo Altaya v Skifskoe Vremya.* Akademia Nauka, Moscow 1953.
A. I. Martynov, *Lesostepnaya Tagarskaya Kul'tura.* Akademia Nauka: Novosibirsk 1979.
H. P. Francfort ed, *Nomades et Sédentaires en Asie Centrale.* Paris 1990.
V. Schiltz, *Les Scythes et les nomades des steppes.* Gallimard 1994.
Esther Jacobson, *The Art of the Scythians.* E. J. Brill 1995.
S. M. Nelson ed., *The Archaeology of Northeast China.* London 1995.
J. Davis-Kimball, V. Bashilov and L. T. Yablonsky ed., *Nomads of the Eurasian Steppes in the Early Iron Age.* Zinat Press, Berkley 1995.
J. F. So and Emma C. Bunker, *Traders and Raiders on China's Northern Frontier.* University of Washington Press, Seattle and London 1995.
Emma C. Bunker, *Ancient Bronzes of the Eastern Eurasian Steppes from the Arthur M. Sackler Collections.* New York 1997.

大月氏、塞種（サカ族）に関する参考文献の補遺

甘粛省文物考古研究所（2000）「甘粛敦煌漢代懸泉置遺址発掘簡報」、「敦煌懸泉漢簡内容概述」、「敦煌懸泉漢簡釈文選」『文物』2000-5: 4-45.

張徳芳（2004）「懸泉漢簡中若干西域資料考論」『中外関係史：新史料与新問題』科学出版社: 145-129.

敦煌市の東六四キロのところに存在した前漢代の駅伝遺跡が発掘調査され、大量の木簡が発見された。そのなかにこの駅伝宿舎で接待を受けた大月氏王およびその五翕侯の使者が幾度か記録されている。まさに大月氏の同時代史料の出現である。ただ、二万三〇〇〇枚におよぶという漢簡の全貌については、最終報告書や図録がまだ出版されていない。

Salomon, R. and Stefan Baums (2007) Sanskrit *Ikṣvāku*, Pali *Okkāka*, and Gāndhārī *Iṣmaho*. *Journal of the Pali Text Society* 29: 201-27.

かつてスワート渓谷でウディアーナ（Oḍi）王のセーナヴァルマSeṇavarmaが寄進した滑石製の舎利容器と黄金板の刻文が発見され、Salomon教授は仏塔の建立のいきさつを語る中に、「ウディアーナ王である、イシュマホ家のウッタラセーナ（玄奘のいう上軍）の子ヴァスセーナが［最初に］この仏塔を建立した」という内容を解読した（一九八六年）。さらに二〇〇七年に、Salomon教授と教え子のStefan Baumsは、やはりスワート出土とおもえるカロシュティ文字仏典写本中に*Iṣmaho*イシュマホの名前を読みとった（上述論文）。経典名は不明であるが、ブッダの家系に言及する経典で、類似のサンスクリット経典では*Iṣmaho*に該当するところに*Ikuṣvāku*（Skt., イクシュヴァク、甘蔗王）とあり、イシュマホがブッダの家系名のガンダーラ語名であることが判明した。広い意味でのガンダーラ（罽賓）に属するウディアーナ（玄奘の「烏仗那」）の仏教徒はブッダの末裔、シャカ族であると自称していたのであり、漢書の「塞種」の正体を見たおもいがする（本書五八ページ「塞王伝説」）。

東方選書

大月氏《だいげっし》 中央アジアに謎の民族を尋ねて【新装版】

東方選書㊳

一九九九年十二月二〇日　初版第一刷発行
二〇一〇年三月五日　新装版第一刷発行
二〇二一年三月二〇日　新装版第三刷発行

著　者……………小谷仲男
発行者……………山田真史
発行所……………株式会社東方書店
東京都千代田区神田神保町一-三　〒一〇一-〇〇五一
電話（〇三）三二九四-一〇〇一
営業電話（〇三）三九三七-〇三〇〇
振替〇〇一四〇-四-一〇〇一
ブックデザイン……鈴木一誌・杉山さゆり
印刷・製本…………シナノパブリッシングプレス

定価はカバーに表示してあります

ISBN 978-4-497-21005-0 C0322

東方選書

各冊四六判・並製

北魏史
洛陽遷都の前と後

窪添慶文著／三一二頁／本体二二〇〇円＋税〈54〉

第七代孝文帝の改革を画期として、北魏一五〇年の興亡を語るとともに、「異民族」政権が隋唐時代に与えた影響を考察する。 *978-4-497-22024-0*

天変地異はどう語られてきたか
中国・日本・朝鮮・東南アジア

串田久治編著／二九六頁／本体二二〇〇円＋税〈53〉

歴史・宗教・地域研究者9名が、アジア各地で地震・火災・水害・疫病・異常気象などの「天変地異」をどのように語り継いできたかをひもとく。 *978-4-497-22001-1*

三国志の考古学
出土資料からみた三国志と三国時代

関尾史郎著／三四〇頁／本体二〇〇〇円＋税〈52〉

簡牘、画像石、墓葬壁画など多岐にわたる資料を取り上げ、研究史を整理した上で新たな知見を提供し、正史『三国志』の解釈にも見直しを迫る。 *978-4-497-21913-8*

書と思想
歴史上の人物から見る日中書法文化

松宮貴之著／三三六頁／本体二〇〇〇円＋税〈51〉

王羲之、乾隆帝、聖徳太子、空海など日中の能書家37人と「甲骨・金文」「竹帛書」「法隆寺釈迦三尊像光背銘」から「書」に現れる「思想」を解き明かす。 *978-4-497-21903-9*

魯迅と紹興酒
お酒で読み解く現代中国文化史

藤井省三著／二八六頁／本体二〇〇〇円＋税〈50〉

中国文学研究者にして愛飲家の著者が、文学や映画に描かれた酒の風景をたどり、改革開放以後40年の中国語圏文化の変遷を語る。 *978-4-497-21819-3*

中国語を歩く
辞書と街角の考現学〈パート3〉

荒川清秀著／二九二頁／本体二〇〇〇円＋税〈49〉

長きにわたり中国語を見つめてきた著者の語学エッセイ集第3弾。言葉の背景にある文化や習慣にも言及し、日々進化する中国語を読み解く。 *978-4-497-21802-5*

占いと中国古代の社会
発掘された古文献が語る

工藤元男著／二九〇頁／本体二〇〇〇円＋税〈42〉

楚地に生まれ、秦漢帝国を媒介に伝播した中国古代の占卜（占い）文化。「日書」を読み解きながら、人々の生活と社会の実態を明らかにする。 978-4-497-21110-1

厳復
富国強兵に挑んだ清末思想家

永田圭介著／三六〇頁／本体二〇〇〇円＋税〈41〉

『天演論』で魯迅に衝撃を与え、日本の福澤諭吉にも比肩される清末の啓蒙思想家・厳復。同時代の日本の歩みも視野に入れながら描く評伝。 978-4-497-21113-2

書誌学のすすめ
中国の愛書文化に学ぶ

高橋智著／二八八頁／本体二〇〇〇円＋税〈40〉

「善本」の価値観と見方を懇切に講義。書物の誕生から終焉、再生と流転までの生涯とともに、中国歴代の書物文化史を概観する。 978-4-497-21014-2

三国志演義の世界〔増補版〕

金文京著／三一二頁／本体一八〇〇円＋税〈39〉

『三国志演義』を生んだ中国的世界を解明する名著に、近年の研究成果を反映させた増補版。日本と韓国における受容の様相も明らかにする。 978-4-497-21009-8

大月氏
中央アジアに謎の民族を尋ねて〔新装版〕

小谷仲男著／二五六頁／本体二〇〇〇円＋税〈38〉

中央アジアの考古学資料を活用して遊牧民族国家・大月氏の実態解明を試みる。後半は著者自身による大月氏関連の遺跡訪問記となっている。 978-4-497-21005-0

中国語を歩く
辞書と街角の考現学

荒川清秀著／三〇四頁／本体一八〇〇円＋税〈37〉

街角で目にする漢字から、辞書の行間から。飽くなき探求心をもってすれば、ことばはこんなに面白い！知的・軽快な語学エッセイ。 978-4-497-20909-2